CW01072501

CANU CEIR A COBS

HUNANGOFIANT
IFOR LLOYD

Gomer

Cyhoeddwyd yn 2014 gan
Wasg Gomer, Llandysul, Ceredigion SA44 4JL
www.gomer.co.uk

ISBN 978-1-84851-549-9

Cyhoeddir gyda chymorth ariannol
Cyngor Llyfrau Cymru.

Argraffwyd a rhwymwyd yng Nghymru gan
Wasg Gomer, Llandysul, Ceredigion.

'Y tair C piau'r tir hwn.'

Dic Jones

Cyflwyniad

Pan oeddwn i'n grwt ysgol, câi tair sgil elfennol addysg eu cynrychioli gan y Tair 'R'. Cynrychioli tri gair Saesneg oedd y rhain, wrth gwrs. Trindod y byd addysg o oes Fictoria ymlaen oedd 'Reading, 'Riting and 'Rithmetic'. Ond, chwedl yr hen gân honno, 'Cymro bach oeddwn i'. A doedd y Tair 'R' yn golygu dim byd i mi ar y pryd. Ond wrth edrych yn ôl o ben talar oed yr addewid, rwy'n sylweddoli fod yna drindod arall sydd wedi llunio cwrs fy mywyd, sef y Tair 'C'. A'r Tair 'C' hynny yw Canu, Ceir a Cobs. Er bod cobiau wedi bod o gwmpas er pan oeddwn i'n faban, y canu ddaeth gyntaf. Wedyn y dilynodd y ddwy 'C' arall. Ac fe ddaeth sŵn carnau a gweryriad cobiau a grwnian injans ceir lawn mor bwysig â'r canu.

Yn y tudalennau sy'n dilyn, fe gewch felly glywed synau a seiniau'r Tair 'C' yn clecian – neu'n 'ecian' – ym mhob atgof. Do, fe gyfunodd y tair 'C' gan gynnig bywyd llawn i mi.

Ifor Lloyd
Pennant
Haf 2014

CANU

Y peth cyntaf o bwys a ddigwyddodd i fi, fel pawb arall mae'n debyg, fu cael fy ngeni. Mae hynny felly gystal lle ag unrhyw un i ddechrau fy hunangofiant, am wn i. Yn Dre-fach, Llanybydder y ganwyd fi yn 1943, mewn tŷ o'r enw Garth Villa ar y ffordd am Lanwenog. Ond dim ond am ychydig wythnosau fues i yn yr ysgol yno. Fe brynodd fy rhieni le yng Nghrug-y-bar yn sir Gaerfyrddin ac fe symudon ni yno, Nhad a Mam ac Ifan, fy mrawd mawr, a finne.

Yn Llundain y ganwyd fy mrawd Ifan, sydd ddeuddeg mlynedd yn hŷn na fi, wedi i Nhad a Mam fynd yno i'r busnes llaeth. Fe aethon nhw yno yn 1928 yn union ar ôl priodi i chwilio am fywyd gwell, fel cymaint o'u cyd-Gardis. Ond yn wahanol i'r mwyafrif o'r alltudion o sir Aberteifi, wnaethon nhw ddim aros yno'n hir. Wedi iddyn nhw ddod yn ôl fe gawn drip gyda nhw i Lundain weithiau i weld rhai o'r teulu oedd wedi aros. A'r wefr fwyaf oedd cael aros mewn mannau cyfleus i wylio'r awyrennau'n codi ac yn glanio ym maes awyr Heathrow. I grwt o'r wlad roedd hon yn olygfa wyrthiol.

Merch Pentrefelin, Tal-sarn oedd Mam, sef Elin – un o deulu'r Jenkins – o'r un llinach â'r bardd Cerngoch. Yno ym mhentref Llundain-fach yn Nyffryn Aeron y ganwyd Mam i deulu oedd yn enwog am eu canu a'u cobiau cyn iddi hi a Nhad fentro i Lundain Fawr. Sut gafodd Llundain-fach ei henw, wn i ddim. Ond enw'r nant sy'n llifo drwy'r pentre bach yw'r Thames. Cred rhai mai'r rheswm am yr enw oedd lleoliad y pentref bach ar hen Ffordd y Porthmyn yn ystod yr adeg pan gâi gwartheg eu cerdded i farchnadoedd Llundain.

Roedd Daniel Jenkins, tad Mam, yn aelod o Gymdeithas Caneuon Gwerin Cymru ac yn aelod o Orsedd Beirdd Ynys Prydain hefyd. Câi ei adnabod fel Archdderwydd y Maes oherwydd treuliai ei amser ar y maes yn siarad â phawb, nes iddo ddod yn wyneb yr un mor gyfarwydd â'r Archdderwydd oedd yn y pafiliwn. Roedd e'n briod ag Elizabeth o fferm Pentre, Llanfair Clydogau, a Mam oedd yr ieuengaf o ddeg o blant. Fe astudiodd Daniel yng Ngholeg Prifysgol Cymru, Bangor a bu'n athro ysgol am dros ddeugain mlynedd.

Fe fyddai Archdderwydd go iawn, sef Crwys, yn ymweld ag ef yn aml hefyd, ac yn wir mae gen i lofnod Crwys o hyd. Dwi'n cofio dim byd am Crwys ar wahân i'r ffaith i fi gwrdd ag e pan o'n i tua chwech neu saith oed, ac mae'r llofnod yn drysor.

Roedd gan tad-cu lais bas swynol iawn, yn ôl yr hanes. Ar ôl dod allan o'r coleg ym Mangor fe gafodd swydd fel athro yn Ysgol Cilcennin. Dyma gyfnod y Welsh Not, ond roedd e'n mynnu bod y plant yn adrodd Gweddi'r Arglwydd yn Gymraeg cyn dechrau ar waith yr ysgol bob bore. Ond fe gwynodd un teulu lleol, oedd yn Gymry Cymraeg, wrth bobol ddylanwadol y fro ac ar ôl naw mis fe gollodd ei swydd. Yn ei le penodwyd Sais uniaith. Ie, Cymro'n bradychu cyd-Gymro. Yn anffodus mae e'n dal i ddigwydd, fel y gwn i ond yn rhy dda fy hunan.

Fe aeth Daniel i ddysgu i Lanfair Clydogau wedyn ar gyflog o drigain punt y flwyddyn. Roedd melinydd yn yr ardal yn cael trafferth gyda'r landlord ar y pryd. Doedd ganddo fe ddim arian i dalu am gyfreithiwr, felly fe gymerodd fy nhad-cu ei achos ac fe enillodd yr achos yn y tribiwnlys a ddilynodd. O ganlyniad, collodd ef ei swydd yn yr ysgol honno hefyd.

Ef fu'n gyfrifol am gyfansoddi a chasglu deunydd ar gyfer

cyhoeddi'r gyfrol *Cerddi Cerngoch* yn 1904. Roedd Cerngoch, neu John Jenkins, yn ewythr i Daniel ac yn y rhan hon o Ddyffryn Aeron ar y pryd roedd yna nythaid fywiog o feirdd.

Ewythr nodedig arall oedd Joseph Jenkins, a adawodd ei gartref yn Nhregaron ar ddiwedd 1868 am Awstralia. Bu Joseph Jenkins yn crwydro am gyfnod fel swagman gan wasanaethu ar wahanol ffermydd. Cafodd gyfnod yn mwyngloddio aur – yn aflwyddiannus – a bu'n cynaeafu ar ffermydd ymysg criwiau o Tsineaid. Mae sôn amdano'n cystadlu mewn eisteddfod yn Ballarat gan adrodd cerdd Gymraeg o ddau bennill ar hugain a dod yn fuddugol yn y fargen. Bu'n crwydro ledled Awstralia am dros ddeg ar hugain o flynyddoedd cyn dychwelyd adre.

Cyhoeddodd Daniel Jenkins gyfrol arall sef *Cerddi Ysgol Llan-y-crwys*, sef ysgol arall lle bu'n brifathro. Roedd e'n gredwr cryf mewn dathlu Gŵyl Ddewi ac fe gychwynnodd yr arfer yno ar 1 Mawrth 1901, defod a barhaodd am ugain mlynedd. Gwahoddodd rai o feirdd enwocaf Cymru i gyfrannu eu gwaith ar gyfer y dathliadau blynyddol, ac fe'u casglodd ynghyd ar gyfer *Cerddi Ysgol Llan-y-crwys* a gyhoeddwyd yn 1934.

Tad-cu Pentrefelin oedd un o aelodau cyntaf Cymdeithas y Merlod a'r Cobiau Cymreig. Disgrifiwyd ef gan Sarnicol fel:

Gŵr tal, cadarn, cymesur; barf yn britho, talcen llydan a gruddiau fel afalau Awst; dau lygad glas, a gwyleidd-dra gwledig yn ei amrannau. Cymysg o agweddau'r athro, y pregethwr a'r amaethwr: dyna Dan Jenkins, Llan-y-crwys – Cardi ar ei orau.

Roedd Tad-cu Pentrefelin hefyd yn wenynwr brwd. Fe fyddai'n cario rhai o'r cychod i fyny hyd lethrau Trichrug uwchlaw Talsarn er mwyn creu mêl grug.

Yn ffodus iawn dydi datrys a datod y clymau teuluol ddim yn
broblem yn ein teulu ni. Mae perthynas i Mam, Rod Rhosmaen,
Llandysul yn achyddwr heb ei ail. Felly, os bydd yna gwestiwn
achyddol yn codi, fe ddaw Rod a Rosie ei wraig i'r adwy'n ddi-
ffael am berthnasau o'r nawfed ach.

*

O Bencarreg, Aberaeron yr hanai Nhad. Felly rwy o stoc y Cardi
ar y ddwy ochr. Ac ydyn, mae'r canu a'r cobiau'n rhedeg yn gryf
drwy'r llinach honno hefyd. Yn ogystal â bod yn berchen ar
Bencarreg, roedd ei dad, Evan Lloyd, sef Tad-cu yn berchen ar
Flaenau Gwenog, Gors-goch; y Faenog, Dihewyd; Dôl-gwartheg,
Aberaeron a Chefn-maes, Mydroilyn. Fe'i ganwyd ef yn 1863 a
ganwyd pump o blant iddo ef a Mary ei wraig.

Baswr oedd Evan Lloyd hefyd a medrai ddarllen y Tonic
Sol-ffa. Roedd e'n arweinydd Côr Mydroilyn ac yn arweinydd
ar gôr yr eglwys ac ar gôr meibion a chôr merched lleol hefyd.
Mae yna lun ohono'n aelod o Gôr Meibion Aberaeron yn 1908.
Yn ôl yr hanes fe enillon nhw'r wobr gyntaf bob tro fydden
nhw'n cystadlu. Yn aelodau o'r côr meibion hwnnw roedd yna
saith brawd, y saith yn deilwriaid. Roedd Mam-gu yn soprano
arbennig o dda hefyd mae'n debyg. Doedd dim dau na fydden
innau'n canu – roedd e yn y gwaed.

Mae yna stori dda am Nhad yn mynd lawr i Foncath i nôl
tractor oedd Tad-cu wedi'i brynu oddi wrth deulu Saunders
Davies, teulu o dirfeddianwyr mawr. Roedd e'n gyrru'r tractor
'nôl i Fydroilyn ac roedd yna eisteddfod yn digwydd bod yng
nghapel Plwmp rhwng Synod Inn ac Aberaeron. Roedd e wedi
gobeithio y medrai ddod adre mewn pryd i ymolchi a newid cyn
mynd yn ôl yno i gystadlu.

Fe sylweddolodd na fedrai wneud hynny. Yn ffodus roedd
e wedi mynd â'r copi o'r gân gydag e rhag ofn. Fe barciodd y
tractor y tu allan i'r capel, tynnodd ei ofyrôls a gofyn a gâi e
gystadlu. Fe gafodd ganiatâd ar unwaith. Draw ag e i'r sêt fawr ac
olion olew ar ei ddwylo a'i wyneb, er mawr hwyl i'r gynulleidfa.
Ac fe ganodd 'The Inchcape Bell' ac ennill. Yna 'nôl ag e i ben y
tractor a gyrru adre dros y topie a'i wobr gydag e.
'The Inchcape Bell' oedd ei hoff gân eisteddfodol, y
cyfansoddwr oedd R. S. Hughes; mewn cystadlaethau her
unawdau ni chollodd erioed o ganu honno. Canai Nhad 'Y
Dymestl' yn aml hefyd a chân o'r enw 'Y Teithiwr a'i Gi'.
Nodwedd amlycaf ei ganu pan oedd e'n ifanc oedd yr elfen
ddramatig yn ôl yr hanes, roedd e'n cyfareddu ei gynulleidfa.

Medrai Nhad ganu'r 'Marchog' gystal â neb yn grwt ifanc.
Yn wir, fe enillodd y wobr gyntaf arni yn Eisteddfod Cae Sgwâr,
Aberaeron gyda'r Doctor Caradog Roberts yn un o'r beirniaid.
Bob nos Nadolig arferid cynnal eisteddfod nodedig ym
Mydroilyn ac fe enillodd Nhad Fedal Aur yno ddwy flynedd yn
olynol, yn 1923 a 1924. Fe wisgai un ohonyn nhw gyda balchder
ynghrog wrth gadwyn ei watsh boced ar draws ei wasgod ac fe
wisgai Mam y llall ar gadwyn o gwmpas ei gwddf.

Fel mae pawb yn gwybod, bu'r diweddar Syr Geraint Evans
yn byw yn Aberaeron ar ôl ei ymddeoliad am dros ddeg mlynedd
ar hugain. Roedd e'n forwr arbennig o frwdfrydig, a chan ei fod
e'n byw wrth ymyl yr harbwr, doedd dim byd gwell ganddo na
llithro allan i'r môr yn ei gwch 'Y Marchog'.

Bryd hynny roedd gan Nhad gwch a enwodd 'Y Cyffylog'.
Dau ganwr mewn dau gwch! A phan fyddai'r ddau o fewn
cyrraedd i'w gilydd ar eu cychod, mi fyddent yn canu cân 'Y
Marchog' o gwch i gwch bob yn ail linell, a finne'n cael y pleser o
wrando arnyn nhw. Hyfryd gof.

Fe fu farw Nhad yn 1983. Wedi i Mam farw ddeng mlynedd yn ddiweddarach bu Myfanwy a finne'n clirio'r tŷ. Roedd e'n orchwyl anodd iawn gan fod yna rywbeth o hyd yn mynnu codi atgofion a byddai'r meddwl yn mynnu teithio yn ôl i'r gorffennol. Yn sydyn fe gofiais am y medalau. Ond doedd dim sôn amdanyn nhw yn unman. Ofnwn eu bod nhw wedi mynd allan gyda'r rwbel ac y bydden nhw ar goll am byth. Ond roedd Myfanwy'n benderfynol o'u darganfod nhw ac fe fynnodd fynd trwy bopeth unwaith eto. Wrth iddi fynd drwy hen barau o sgidiau Mam, gyda'r bwriad o'u taflu, fe wthiodd Myfanwy ei llaw i mewn i flaen un esgid. Wyddai hi ddim pam wnaeth hi hynny ond yno wedi eu cuddio'n ddiogel roedd y ddwy fedal. Mae un ohonyn nhw nawr ym meddiant Ifan fy mrawd a'r llall yn fy meddiant i.

Yn ôl y gwybodusion cerddorol, roedd Nhad yn well canwr nag Ifan na finne. Mae gen i hen raglen yn fy meddiant lle mae enw Nhad yn ymddangos ar yr un llwyfan ag Edgar Evans, un o gantorion mwyaf ac enwocaf ei ddydd, yn eglwys Llanwenog ym mis Awst 1939. Gyda nhw roedd Myra Parry (soprano) a Jackie Miles (bachgen soprano).

Roedd Edgar Evans yn seren ymhlith tenoriaid. Mab fferm o ardal Cwrt Newydd oedd e, yn un o dri ar ddeg o blant, ac fe'i sbardunwyd i astudio canu ar ôl iddo glywed Caruso. Er mwyn medru fforddio gwersi canu yn Llundain fe fu'n rhedeg rownd laeth yn Camberwell, Llundain. Datblygodd i fod ymhlith prif unawdwyr ei ddydd gan chwarae ymron hanner cant o brif rannau mewn operâu. Bu'n flaenllaw yn Sadlers Wells gan weithio gyda chewri fel Thomas Beecham, John Barbirolli, Malcolm Sargeant, George Solti, Peter Pears ac Otto Klemperer. Anfarwolodd ei hun fel Herman the Gambler yn *The Queen of Spades* gan Tchaikovsky. Bu farw Edgar Evans yn 1998 yn 94 oed. Roedd siario llwyfan gyda chawr fel hwn yn bluen yn het Nhad.

Siariodd Nhad lwyfan hefyd gyda Todd Jones, y tenor
enwog a berfformiodd o flaen y Frenhines Fictoria yng
Nghastell Windsor yn 1895 ac o flaen Lloyd George hefyd ac fe'i
disgrifiwyd gan y dewin geiriau hwnnw fel 'Tenor a anfonwyd
gan Dduw'. Chafodd Todd ddim un wers gerddorol erioed ac
ni allai ddarllen miwsig, ond ystyrid ef yn chwedl. Teithiodd y
byd gyda Chôr Meibion Treorci a chyfarfu â Caruso yn Efrog
Newydd. Treuliodd ei flynyddoedd olaf ym Mhencader a
bu'n canu tan wythnos olaf ei fywyd yn 1932 yn drigain oed.
Gadawodd wraig a naw o blant.

Roedd Mam fel Nhad yn gerddorol ei natur hefyd, yn
gyfeilyddes fedrus ac yn aelod o bedwarawd oedd yn dal record
hynod iawn. Mewn 65 o gystadlaethau eisteddfodol fe enillon
nhw'r wobr gyntaf bob tro. Y gwaethaf wnaethon nhw erioed
oedd cael eu gosod unwaith yn gydradd gyntaf â phedwarawd o
Bencader yn Eisteddfod Capel Bryn-teg, Llanybydder. Mam oedd
y soprano, Nhad oedd y baswr, D. T. Rees Brynog Arms Felin-
fach oedd y tenor a Megan, ei ferch, oedd yr alto. Rhai o ddarnau
mwyaf poblogaidd y pedwarawd fyddai 'Hwiangerdd Mair', 'Ti
Wyddost Beth Ddywed fy Nghalon' a'r 'Bwthyn ar y Bryn'. O'r
ddwy ochr o'r teulu felly, mae Ifan a finne yn gywion o frid.

*

Mae gen i gof plentyn o Wncwl Ben ac Anti Sali o Riwseithbren,
Gwernogle yn prynu set Meccano i fi. Doedden nhw ddim yn
perthyn. Ond i fi, Wncwl ac Anti oedden nhw. Bryd hynny
roedden nhw'n ddi-blant ac wedi rhyw hanner fy mabwysiadu i.
Fe fyddwn i'n mynd atyn nhw ar wyliau pan o'n i'n grwt.

Fe ges i drip i Gaerfyrddin gydag Anti Sali, ac Albert y Gof
yn gyrru'r car. Fy nymuniad mawr bryd hynny oedd cael set

Meccano. I mewn â ni i'r siop ar Stryd y Brenin. Ond yr unig set mewn stoc oedd yr un leiaf, sef rhif '00'. Roedden nhw'n graddio i fyny i rif 10 ac fe archebodd Anti Sali'r set fwyaf yn y catalog. Rwy'n siŵr fod y set werth tuag ugain punt, oedd yn arian mawr bryd hynny. Fe drefnwyd i bostio'r set i fi. Ac un dydd wrth gerdded i Ysgol Crug-y-bar o fferm Derwen Fawr fe welais i'r bostmones, Miss Rees, Pen-roc yn dod i 'nghyfarfod. Fel arfer fe fyddai Miss Rees yn pedlo'r beic, wrth gwrs, ond ei wthio wnâi hi'r bore hwn. Hynny am ei bod hi'n cario parsel anferth ar handlau'r beic. Ac fe fyddai gofyn iddi wthio'r beic am ddwy filltir. Ro'n i ar dân eisiau gweld cynnwys y parsel ond rhaid fyddai aros nes cyrraedd adre o'r ysgol gyda'r prynhawn.

Fe ddaeth y set Meccano yn drysor o degan i mi. Yn wir, roedd e'n fwy na thegan gan ei fod e'n addysgiadol hefyd. Flynyddoedd wedyn fe anwyd mab i Ben a Sali ac fe rois i'r Meccano i Aelwyn yn rhodd.

Yn aml ar y ffordd i'r ysgol neu ar y ffordd adre fe fyddwn i'n oedi yn Garej Bridgend gyda Mr Williams. Roedd e'n gwerthu beics, ac fe fyddwn i wrth fy modd yn byseddu drwy'r gwahanol gatalogau. Yn y cyfnod cyn y Nadolig yn arbennig fe fyddai criw ohonon ni'n ymgasglu yno i astudio'r catalogau deniadol a breuddwydio am feiciau chwim.

Ond yn siop Mr Atkins yn Llanbed ges i'r beic cyntaf. Beic Phillips ail-law ac wedi'i ail-beintio oedd e. Roedd beics newydd yn rhy ddrud. Ar y beic fe fyddwn i'n mynd lawr i Dalyllychau i bysgota yn y llyn ger y fynachlog ac rwy'n cofio dal clobyn o benhwyad neu *pike* yno unwaith.

Fe fyddai Trefor Pantdderwen a fi'n seiclo wedyn i ambell gyfarfod mabolgampau, neu sborts, fel o'n ni'n dweud bryd 'ny. Un o'r rhai mwyaf poblogaidd fyddai Sborts Cil-y-cwm ac fe fyddwn i'n ennill yn weddol aml ac yn cystadlu ar bopeth.

Y ras ganllath a'r naid hir, y naid uchel a'r rasys sachau, ras yr wy ar lwy, a'r ras ryfeddaf oll, y ras beics araf. Yn honno, yr olaf fyddai'n ennill gan wireddu'r hen adnod honno, 'Yr olaf a fyddant flaenaf.'

Roedd Trefor yn gefnder i'r diddanwr Ryan Davies, a phan fyddai'r teulu'n mynd fyny i Lanfyllin fe gawn i fynd gyda nhw. A dyna sut ddois i i adnabod Ryan.

Ar y ffordd adre o sborts Cil-y-cwm fe fyddai Trefor a finne'n prynu bloc cyfan o hufen iâ Walls yr un, bloc gymaint â bricen ynghyd â wêffyrs, a bwyta bob tamaid. Hwyrach y gwnawn i weithiau gadw un sleisen fach i Mam, ond sleisen denau fyddai hi.

Ro'n i'n athletwr digon da, ac yn wir, fi oedd yr ail cyflymaf yn yr ysgol uwchradd. Fe etifeddodd Dyfed, y mab, yr un ddawn â fi sef y gallu i fynd ar wib. Fe fyddai sborts fel arfer ar ddiwrnod Sioe Rhandir-mwyn a Dyfed yn cystadlu. Yn anffodus doedd dim digon o gythraul cystadlu ynddo fe: roedd e'n disgwyl i'r lleill gychwyn cyn dechrau rhedeg, er mwyn bod yn deg iddynt.

Yng nghyfnod diwedd dyddiau ysgol a chyfnod astudio yn Gelli Aur y criw bryd hynny oedd Lyn Griffiths, Dai Bowen, Howie Davies, Owen James, Gwynfor Morgan a finne. Mae'r rhan fwyaf wedi aros yn y fro. Ond mae Gwynfor yn byw yn Aberdyfi ar ôl bod yn gyfarwyddwr gyda Smith Kline yn Labordai Dome, un o'r cwmnïau cemegau mwyaf yn y byd. Mae Dai a Howie'n dal i ffermio yn Nyffryn Tywi. Fe fu Lyn, sef Lyn Teiers, yn rhedeg garej yn Llandeilo a thad Owen oedd pennaeth Gelli Aur.

Ar draws y ffordd i fferm Derwen Fawr fe drigai Griff Davies, Godre'r Garth. Yn wir, fe ymddeolodd Griff a'i wraig i Aberaeron yn ddiweddarach. Câi Griff ei gydnabod fel brenin yr ieir Anconas. Fe gychwynnodd gyda dwy iâr a cheiliog hanner can mlynedd cyn hynny ac mae wedi magu llawer ohonyn nhw ers hynny. Fe enillodd brif bencampwriaeth Prydain ddwywaith o blith y bridiau i gyd. Roedd e'n fersiwn gynnar o Picton Jones, y bridiwr dofednod o fri o Lanwnnen. Yn union fel bridwyr cobiau, fe barhodd Griff i fagu o fewn y stoc wreiddiol heb gyflwyno dim byd newydd i'r llinach am chwarter canrif. Yna fe brynodd yr aderyn oedd yn llinach ei stoc ef yn y lle cyntaf yn ôl oddi wrth ficer Caeo ac felly fe gadwodd y llinach i fynd. Pan ymddeolodd ef a'i wraig fe wnaethon nhw enwi eu cartref newydd yn Aberaeron yn Godre'r Garth, ar ôl eu hen gartref.

*

Yng Nghrug-y-bar roedd yna ffin addysgol yn rhedeg heibio'r fferm. Roedd y plant ar ochr isa'r ffordd fawr, sef ar y dde i'r ffordd am Lanwrda, yn mynd i Ysgol Crug-y-bar, a'r plant ar yr ochr arall yn mynd i Ysgol Caeo. I Ysgol Crug-y-bar felly yr es i, a'r prifathro yno oedd Luther Davies. Y dirprwy brifathrawes oedd Ray Davies. Roedd ei chartref hi yn Ffarmers a golygai hynny y byddai hi'n lletya yng Nghrug-y-bar yn ystod yr wythnos ac yna seiclo adre wedi i'r ysgol gau ddiwedd prynhawn dydd Gwener. Fe fyddai hi a fi'n seiclo gyda'n gilydd, hi'n mynd adre i Nantllyn a finne i'r Dderwen Fawr. Mae Ray yn dal i fyw yn Ffarmers.

Wedyn, o gyrraedd yr un ar ddeg oed fe fyddai plant y ddwy ysgol yn mynd ymlaen i ysgolion uwchradd gwahanol. Fe fyddai'r rhai oedd wedi methu'r 'Eleven Plus' yn mynd i Lansawel, neu Lansewil i ni. Yna fe fyddai plant Ysgol Caeo'n mynd i Ysgol Pantycelyn, Llanymddyfri. Fe fues i'n ddigon ffodus i basio, ac felly fe es i ymlaen i Ysgol Ramadeg Llandeilo. Fy athro Cymraeg yn Llandeilo oedd W. Leslie Richards oedd yn awdur ac yn fardd adnabyddus yn ogystal â bod yn athro tan gamp. Yn Eisteddfod Genedlaethol Llandeilo yn 1996 gwahoddwyd fi i fod yn rhan o raglen deyrnged i fy nghyn athro yn y Babell Lên. Bu farw ddeuddydd wedi'r Nadolig yn 1989 a fi gafodd y fraint o dalu'r deyrnged iddo yn yr angladd. Yn yr ysgol fe fyddai'n annog y disgyblion hynny oedd â diddordeb mewn barddoniaeth a llenyddiaeth Gymraeg i gwrdd ag e dros ambell awr ginio i drin a thrafod. Rwy'n teimlo'n flin heddiw na wnes i fanteisio ar y cyfle hwnnw, achos yn anffodus roedd yn well gen i chwarae rygbi, chwarae pêl-droed neu redeg.

Gymaint oedd fy niddordeb mewn chwaraeon fel i fi ysgrifennu at y cyflwynydd teledu Kenneth Wolstenholme yn ystod hydref 1956 yn gofyn am gael gweld rygbi ar *Sports Special* y BBC. Ef oedd wyneb amlycaf y byd chwaraeon ar deledu'r BBC ar y pryd. Yn wir, fe gefais i ateb caredig iawn gan Wolstenhome wedi'i lofnodi ac mae e gen i o hyd.

Drwy fy mhlentyndod a'm hieuenctid roeddwn i'n casglu llofnodion. Mae gen i ddau lyfr llofnodion sy'n orlawn o enwau pobol, a'r rheiny'n gymysgedd o'r nodedig a'r cyffredin, bonedd a gwreng. Soniais am lofnod Crwys wel, mae gen i hefyd lofnod Llwyd o'r Bryn a arwyddodd fy llyfr yn Eisteddfod Pumsaint; Gwilym Gwalchmai oedd yn beirniadu'r canu a'r Llwyd yr adrodd ac fe ychwanegodd nodyn amdanaf: 'Mae'n canu fel cana'r aderyn.' Tua 1953 oedd hyn.

Mae gen i lofnod Godfrey Talbot, gohebydd brenhinol y BBC. Roedd e wedi bod yn ohebydd rhyfel nodedig iawn cyn hynny. Bob tro y byddai'r teulu brenhinol yn dod i Gymru ac o fewn trigain milltir i Westy'r Plu yn Aberaeron fe fyddai Godfrey'n galw yno. Yn cadw'r gwesty ar y pryd roedd Wncwl Henry a'i wraig Anti Mari, chwaer Nhad, ac roedd Godfrey'n gyfeillgar iawn â nhw. Fe gwrddais i ag e droeon.

Henry a Mari achubodd y gwesty rhag cau. Fe dreulion nhw
ddeng mlynedd yno a chollon nhw ddim diwrnod o waith yn
ystod y cyfnod ac fe wnaethon nhw ffortiwn.

Ond oherwydd
yr holl waith caled fe gollodd Wncwl Henry ei iechyd – bu'n
gweithio gymaint ym mwg sigaréts y bar fel iddo'i lethu.

Ac o sôn am y gohebydd Godfrey Talbot, mae gen i hefyd
lofnod newyddiadurwr enwog arall, sef Hannen Swaffer.
Mewn arddangosfa yn Llundain o'n i gyda Mam pan gwrddon
ni ag e, roedd Mam yn darllen ei golofn e'n un o'r papurau
newydd yn rheolaidd ac yn ffan mawr. Roedd e wedi bod yn
gweithio i'r rhan fwyaf o'r prif bapurau, yn Sosialydd brwd a
ymddiswyddodd o'r Blaid Lafur yn 1957.

Mam oedd y dylanwad arna i yn yr ysfa gasglu. Fe fyddai
hi'n casglu pob math o drugareddau a'u cadw nhw, yn cynnwys
unrhyw hanesion papur newydd neu gylchgronau fyddai o
ddiddordeb iddi. Un toriad papur newydd roedd hi wedi ei gadw
oedd un yn adrodd stori am ddyn oedd yn cadw gelod ac yn eu
gwerthu ar gyfer gwella pobol neu greaduriaid. Yn wir, roedd ei
mam hi, sef Mam-gu Pentrefelin, yn defnyddio gelod ar gyfer
sugno gwaed drwg. Enw'r dyn yn y stori oedd Doctor Sawyer ac
fe ysgrifennodd Mam ato, ac yn wir fe atebodd hwnnw hi. Bu
gohebiaeth rhyngddyn nhw wedyn am flynyddoedd a dechreuodd
Doctor Sawyer alw i'n gweld ni pan fyddai e yn yr ardal.

Tua thair blynedd yn ôl fe alwodd dynes ddieithr yma yn tŷ
ni yng nghwmni merch ifanc i weld y ceffylau. Sandra Davies o
Bontshân oedd y fenyw. Fe ddigwyddodd y ferch ifanc oedd yn ei
chwmni ddweud ei bod hi'n byw yn yr Hendy ger Pontarddulais,
ac fe aeth ymlaen i ddweud ei bod hi'n helpu ei rhieni ar fferm
gelod. Gofynnodd Myfanwy i'r ferch a oedd hi'n adnabod
Doctor Sawyer. A syndod y byd, hi oedd merch Doctor Sawyer,
sef Bethany.

Syndod mwy oedd y ffaith iddo yntau gadw llythyron Mam i gyd. Fe wnaeth e gopïau ohonyn nhw wedyn â'u cyflwyno nhw i ni. Ac ar ôl iddi raddio yn y coleg fe brynodd Bethany eboles gyda ni.

Mam fu'n gyfrifol am i fi ddechrau gohebiaeth â David Attenborough pan o'n i'n grwt. Fe welais i raglen ganddo fe am ryw lwyth yn Affrica oedd yn priodi o fewn y teulu. Ac wrth gwrs, dyna'r union beth oedd Nhad, a minnau ar ei ôl, yn ei wneud gyda chobiau. Yr enw amdano yw 'line breeding', neu fridio llinach, ac mae'r ffordd yma o fagu'n bwysig oherwydd drwy wneud hyn ry'ch chi'n cadw'r rhinweddau gorau o fewn y stoc ry'ch chi'n ei fagu; ond mae'n bwysig eich bod chi'n gwybod beth yw'ch defnydd crai chi cyn dilyn y llwybr hwn. Fe ddechreuais ohebiaeth wedyn ag aelod o deulu Romany go iawn, penteulu'r Woodwards. Roedd eu perthynas clòs nhw fel teulu hefyd yn atgoffa rhywun o bwysigrwydd llinach.

Rhwng popeth mae gen i lawer o drysorau plentyndod ac ieuenctid yn fy meddiant o hyd. Mae llofnod Sandy McPherson yr organydd byd-enwog gen i, ac i ddod yn nes adre, llofnod Alun Williams ac Ifor Rees hefyd, y ddau wedi cydweithio am flynyddoedd ar raglenni radio fel *Shwmai Heno?* ac eraill a ches lofnodion enwogion di-ri dros y blynyddoedd. Mae'r casgliad yn gofnod difyr o'r blynyddoedd a aeth heibio.

Mae gen i lu o lofnodion cyn-chwaraewyr rygbi rhyngwladol, yn eu plith Malcolm Thomas a Clem Thomas. Cefais lofnod Dennis Jones, prif sgowt Clwb Pêl-droed Caerdydd; yn wir mae gen i lofnodion y tîm llawn o'r cyfnod yn cynnwys Sullivan, Curtis, Danny Molloy, Brian Jenkins, Alec Milne a Harry Knowles. Diddorol nodi hefyd mai rhywun o Aberaeron, sef Capten Jones, oedd prif sgowt Dinas Caerdydd 'nôl yn y pumdegau.

Yng nghanol yr holl enwogion mae llofnod R. E. Isaac, y llawfeddyg a achubodd fy mywyd yn Ysbyty Aberystwyth drwy dynnu fy mhendics. Fe ychwanegodd e'r geiriau 'Festina Lente' neu yn Gymraeg, yn araf deg mae mynd ymhell.

Hefyd yn eu plith mae llofnod Anti Olive annwyl, a fu'n gweithio gyda fi am flynyddoedd yn y garej. Mae hi wedi ysgrifennu, 'Home is the place where you grumble the most and are treated the best.'

Gwir bob gair.

Mae pori drwy'r llofnodion yn dod ag atgofion melys yn ôl.

*

Mae'r newid a ddaeth i ran cefn gwlad yn ystod fy mywyd i wedi bod yn anhygoel. Pan own i'n grwt, Cymry Cymraeg oedd pawb yn ardal Crug-y-bar bron. A hyd yn oed os deuai pobol ddieithr i'r fro, fel ein teulu ni, Cymry Cymraeg fyddai'r rheiny hefyd. Ond rwy yn cofio un pâr dieithr yn dod i gadw'r Royal Oak ym Mhumsaint ar ddiwedd y pumdegau. Fel oedd yn nodweddiadol o haelioni Nhad a Mam, fe roeson nhw groeso mawr i Mr a Mrs McClinton, pâr o ogledd Lloegr yr oedd ganddyn nhw acen gref a oedd, i ni'r Cymry, yn anodd ei deall.

Fe ddaethon nhw'n gymaint o ffrindiau â'm rhieni fel y byddwn i ac Ifan yn cyfeirio atyn nhw fel Wncwl Frank ac Anti Lil. Roedd Anti Lil yn ymffrostio yn ei dawn hi i wneud te. Doedd gan y Cymry, meddai hi, ddim clem am wneud paned. Roedd ganddi debot anferth yn sefyll ar yr Aga bob amser. Fyddai Anti Lil byth yn gwacáu'r tebot. Pan âi e'n sych fe fyddai hi'n ychwanegu llwyeidiau o de a dŵr berwedig ar ben yr hyn fyddai ynddo eisoes. Y canlyniad oedd bod te Anti Lil mor ddu â thriog, a bron iawn mor dew hefyd.

Roedd yna fenyw o dŷ capel Salem, Pumsaint, sef Mrs Evans yn helpu Mam o gwmpas y tŷ yn ystod y cyfnod hwn. Un dydd roedd hi ac Anti Lil yn cyd-deithio ar y bws i Lanbed, ac yn ystod y daith roedd Anti Lil yn clebran fel pwll y môr, a Mrs Evans yn porthi, er nad oedd hi'n deall gair ddaeth mas o'i genau hi druan. Unig ymateb Mrs Evans i bopeth ddwedai Anti Lil oedd, 'Yes! Yes! Yes!'

Wrth basio Tafarn Jem fe ddwedodd Anti Lil rywbeth ysgubol a beirniadol am rywbeth neu rywun, a Mrs Evans yn para i borthi gyda'i 'Yes! Yes! Yes!'

A dyma Anti Lil yn fflamio.

'What do you mean with your "Yes! ... Yes! ... Yes?"'

A dyma Mrs Evans yn ateb yn wyllt, 'What I meant to say was "No! No! No!"'

*

Dyddiau diniwed plentyndod a llencyndod oedd y rhain. Cyfnod llunio cymeriad. Mae gan bob ardal un person sydd yng nghanol bwrlwm adrodd a chanu, ac yn ein hardal ni doedd dim angen i fi adael y tŷ oherwydd Mam oedd honno. Hi oedd fy athrawes ganu gyntaf ac fe enillais fy ngwobr gyntaf erioed am ganu yng nghapel Cwrt-y-cadno. Ro'n i'n chwech oed.

Un o bileri'r fro oedd y diweddar Barchedig Glenville Rees. Roedd e'n un o nifer, cofiwch. Dyna i chi Idris Evans yn Llanllwni wedyn a Giraldus Morgan yn Ffald-y-brenin. Uchafbwynt y flwyddyn fyddai'r cwrdd cystadleuol rhwng y capeli. Byddai capeli Ffald-y-brenin, Caeo, Crug-y-bar a Llansawel yn cystadlu yn erbyn ei gilydd yn frwd. Y cwrdd cystadleuol hwn oedd y platfform cyntaf i ni blant. Hyd yn oed yn fwy na'r canu, yr hyn a ddaeth â'r hyder mwyaf i fi oedd y cystadlaethau siarad ar y pryd, a bu'r rhain o fudd mawr i fi flynyddoedd yn ddiweddarach.

Chafodd ein teulu ni ddim problem o gwbl wrth setlo yn y fro newydd. Fel oedd eu hanes yn Llundain, fe wnaethon nhw ymdoddi i mewn i'r gymdeithas ar unwaith. Cydymffurfio oedd y peth mawr iddyn nhw a cheision nhw ddim dylanwadu ar neb er mwyn cael eu ffordd eu hunain erioed. Ac fel hynny ddylai pethau fod mewn cymuned, am wn i.

Ond i fynd yn ôl at y canu, yn ifanc iawn fe ddechreuais i gael gwersi piano gyda Cassie Simon, neu Madam Seimon fel y câi ei hadnabod yn y parthau. Roedd hi'n feirniad o safon a hi sefydlodd Gôr Plant Cwmdŵr. Roedd plant a phobol ifanc o gylchoedd eang yn cael gwersi ganddi. Mynd ar y bws fyddwn i ar daith o ryw wyth neu naw milltir.

Un tro, pan o'n i tua wyth oed fe anghofiais yr arian i dalu am y siwrnai. Y gyrrwr oedd Wil Oliver oedd yn wreiddiol o Ffair-rhos. Fe gâi ei adnabod fel Wil Western Welsh, ac fe gymerodd Wil drugaredd drosta i a gadael i fi deithio am ddim. Rwy'n dal i gofio'r ffafr honno ac yn dal cysylltiad â theulu Wil, y Samariad Trugarog hwnnw, o hyd.

Yn cael gwersi ar yr un prynhawn â fi byddai mab i chwaer Cassie, Lottie. Mae'r mab hwnnw bellach yn Syr Deian Hopkin ac yn bianydd jazz o safon arbennig. Disgybl yng Ngholeg Llanymddyfri oedd e ar y pryd. Byddai Mam wedi paratoi brechdanau i fi fynd gyda fi ar gyfer y daith, ond Deian fyddai'n bwyta'u hanner nhw, os nad mwy. Fe allech feddwl ei fod e'n clemio!

Fe ddechreuais i eisteddfota'n ifanc iawn. Arwyr y llwyfan eisteddfodol yn y dyddiau hynny oedd Katie a Lettie o Landybie, Tom Daniel, Lynne Richards Tŷ-croes a Gwyn James Llangadog. Fe allwn fynd ymlaen i restru mwy oherwydd roedd tipyn o fynd

ar y cystadlu bryd hynny. Crwt bach oeddwn i yn edrych i fyny
– mewn mwy nag un ystyr – ar y cewri. Roedd hon yn oes aur
eisteddfota a'r capeli a'r neuaddau'n orlawn bob tro. Ac yn aml
fe fydden nhw'n mynd ymlaen tan ddau a thri o'r gloch y bore.
Yn wir, câi llwyddiant eisteddfod ei fesur yn ôl yr amser y deuai
hi i ben. Hwyra i gyd fyddai hi'n gorffen, gorau'i gyd yr ystyrid
ei llwyddiant. Roedd hi'n eisteddfod dda os âi hi ymlaen hyd yr
oriau mân. Ac fe fyddai ambell arweinydd yn mynd ati i gael
pethau i lusgo er mwyn sicrhau y byddai'n para'n hirach.

Un flwyddyn yng Ngŵyl Fawr Aberteifi roedd tri ohonon ni
wedi cael llwyfan ar yr Her Unawd: Washington James, Penri
Evans a fi. Roedd Penri'n aelod o staff Ysbyty'r Meddwl yn
Ninbych, a thrannoeth roedd yn gweithio shifft gynnar fyddai'n
cychwyn am chwech o'r gloch y bore. I'r ysgrifennydd, O. M.
Owen, y corau oedd popeth a nawr roedd hi'n mynd yn hwyr
a chôr ar ôl côr yn cystadlu a dim sôn am yr Her Unawd. Fe
aeth Penri ati i esbonio y byddai gofyn iddo fod yn ei waith yn
Ninbych erbyn chwech, a'r unig ffordd allan oedd gofyn i'r tri
ohonon ni a fydden ni'n fodlon derbyn canlyniad y rhagbrawf
fel y feirniadaeth derfynol hefyd. Fe wnaethon ni gytuno. Penri
a enillodd, a dw'i ddim yn credu i'r fath beth ddigwydd cynt nac
wedyn mewn unrhyw eisteddfod.

Er mwyn ymestyn hyd yr eisteddfod – yr eisteddfodau llai
yn arbennig – fe gâi'r arweinyddion dragwyddol heol i falu
awyr. A châi'r beirniaid eu cymell i gyflwyno sylwadau hir ar
ôl pob cystadleuaeth. Yr unig eisteddfod fedra i gofio na wnâi
ganiatáu sylwadau gan y beirniaid oedd Eisteddfod Gŵyl Ddewi
Swyddffynnon, sy'n dal yn llwyddiannus, gyda llaw, ar ôl ymron
140 mlynedd.

Weithiau fe gynhelid dwy eisteddfod ar yr un dyddiad.
Roedd Eisteddfod Llanilar ac Eisteddfod Llanddewibrefi'n cael

eu cynnal ar ddydd Gwener y Groglith. Y gamp wedyn fyddai ceisio cystadlu yn y ddwy. Roedd y trefnwyr yn gyfrwys iawn wrth drefnu'r gwahanol raglenni gan ofalu bod trefn y cystadlu'n wahanol yn y ddwy. Wedyn fe fyddai modd canu dan ddeuddeg yn y naill am bedwar, dyweder, ac yn y llall am chwech. Byddai trefniadau tebyg ar gyfer yr oedolion, gyda'r drefn gystadlu yn wahanol yn y ddwy. Bob dydd a nos Wener y Groglith fe fyddai yna fynd a dod rhyfeddaf rhwng y ddau bentref, gyda dim ond tua deuddeg milltir yn eu gwahanu. Yn anffodus mae'r ddwy eisteddfod wedi hen ddod i ben erbyn hyn.

Yn aml iawn yng nghystadlaethau'r plant byddai'r perfformiad yn y gynulleidfa'n fwy diddorol na'r un o'r llwyfan. Byddai ambell fam yn syllu i fyw llygaid ei phlentyn gan wneud y stumiau rhyfeddaf a disgwyl i'r plentyn ei hefelychu. Fyddai'r plentyn ddim yn edrych ar y beirniad nac ar y gynulleidfa ond yn hytrach yn syllu yn ôl i fyw llygaid y fam. Fe fyddai wyneb honno'n bictiwr wrth iddi animeiddio'i hwyneb i eithafion, a'r crwt neu'r groten yn gwneud ei orau glas i'w hefelychu.

Roedd hi'n amlwg fod rhai o'r plant, druain, ar y llwyfan yn groes i'w hewyllys. Fe fyddai'n gwbl glir mai'r peth olaf roedden nhw am ei wneud oedd canu neu adrodd o flaen cynulleidfa. Yn groes i'r graen fydden nhw'n cystadlu, llawer ohonyn nhw. Yn wir, roedd e'n ffurf ar greulondeb. Yn ffodus ches i ddim gorfodaeth o gwbwl gan Mam: ro'n i'n cystadlu am fy mod i'n hoffi perfformio a chystadlu.

Adeg dyngedfennol i bob llanc o ganwr yw'r adeg pan fydd ei lais e'n torri. I amryw gall olygu diwedd perfformio. Chefais i ddim o'r broblem yna o gwbl. Yn wir, fe ddaeth fy llais i'n well fel oedolyn nag oedd e pan o'n i'n blentyn. Yn aml mae'n digwydd i'r gwrthwyneb. Mae yna rai bechgyn oedd yn canu'n wych yn blant, yn colli llawer o rinwedd y llais wrth iddo dorri.

Yn wir, mae ambell i fachgen soprano sydd wedi colli ei holl allu i ganu o gwbl wrth i'w lais dorri.

*

Ar ôl i Mam deimlo iddi ddysgu popeth a fedrai i fi, fe anfonwyd fi at hyfforddwr profiadol iawn. Fy athro nesaf oedd Ted Morgan. Mae cenedlaethau o blant yn cofio Ted fel athro teithiol yn ysgolion uwchradd de sir Aberteifi. Pwtyn bach moel a boldew oedd Ted, sigarét yn ei geg pan na fyddai wrth y piano. Roedd yn gyn-löwr o Frynaman, collodd ei dad pan oedd yn wyth oed, ond roedd e'n cyfeilio mewn cyfarfodydd cystadleuol yn ddeuddeg oed, ac yn bymtheg oed roedd e'n cyfeilio i Gôr a Cherddorfa Brynaman.

Yn 1923 symudodd ef a'i briod i Landysul lle cafodd Ted y gorchwyl o chwarae'r organ yng nghapel Seion yr Annibynwyr. Yna cafodd swydd fel athro teithiol yn ysgolion uwchradd Tregaron, Llanbed, Aberaeron a Llandysul. Yn 1932 gwahoddwyd ef i gyfeilio i'r 'boy soprano' Iwan Davies o flaen y Brenin a'r Frenhines.

I Lanbed fyddwn i'n mynd i gael hyfforddiant gyda Ted, yng nghartref Janet Lewis. Fe fyddai Ted yn rhoi gwersi i Margaret, merch Janet, ac yno felly y byddwn i'n mynd gan deithio eto ar y bws. Fe wyddai Ted ar unwaith a fyddwn i wedi bod yn ymarfer rhwng gwersi neu beidio. Roedd ganddo fe biano arbennig iawn yn ei gartref, Bluthner, dyna un o'r mathau piano gorau yn y byd, piano tal yn hytrach nag un gwastad, ond roedd e mor drwm fe gymerai bedwar dyn cryf i'w symud.

Yn rhyfedd iawn wnâi Ted ddim beirniadu. Roedd e'n rhy brysur yn cyfeilio a hyfforddi. Anodd credu fod yna unrhyw bentref neu dref yng Nghymru lle na fu Ted yn cyfeilio. Ym mis

Medi 1968 cynhaliwyd cyngerdd teyrnged iddo yn y Pafiliwn
Mawr ym Mhontrhydfendigaid. Gwahoddwyd fi yno i fod yn
rhan o'r deyrnged ymhlith artistiaid eraill. Yn ystod y pythefnos
cyn y cyngerdd ro'n i allan ar daith yng Nghanada gyda Chôr
Pendyrus. Ar y ffordd 'nôl roedd yr awyren oriau'n hwyr yn
glanio. Bu'n rhaid i fi ruthro 'nôl, a chael a chael fu hi i gyrraedd
mewn pryd. Gyrrais o faes awyr Heathrow ffwl pelt a chyrraedd
y Bont mewn chwe awr. Fe ges i fy nal yn ôl ym Mhontsenni
gan ddamwain. Wedyn dim ond un stop ges i, a hynny er mwyn
cael cawod a newid i 'nillad llwyfan yng nghartref cyfeillion, sef
teulu Ffynnon-las yng Nghrug-y-bar. Ond y gwir amdani yw y
byddwn i wedi bod yn fodlon rhedeg yr holl ffordd er mwyn talu
teyrnged i Ted.

Roedd e'n gyngerdd o safon a'r Pafiliwn yn orlawn. Yno
roedd artistiaid a oedd wedi bod yn gysylltiedig â Ted. Yn eu
plith roedd Margaret Lewis Jones, Côr Plant Tregaron, Lynne
Richards, Gerald Davies, Florence Holloway yn cyfeilio, Parti
Cerdd Dant Llandysul, Richie Thomas, Eilir Thomas, Emyr
Jones, Washington James, Berwyn Davies ac Ifan fy mrawd.

Mae'n werth dyfynnu rhan o deyrnged Dic Jones iddo:

>Trafaelu holl bentrefi'r sir
>Yn hir a hwyr drwy'r gaea,
>O Aberporth i Grug-y-bar
>Â'i gar drwy rew ac eira,
>A dychwel adre i gyffroi
>Y ceiliog o'i gwsg ola.

Bu farw Ted ddiwedd mis Tachwedd 1979. Roedd e'n feistr
ar ei grefft, yn wir, ac mae cyfeilyddion gwirioneddol fedrus yn
fodau prin. Un arall oedd Florence Holloway. Roedd Florence â'i

gwallt fflamgoch yn dipyn o fenyw. Roedd hi'n medru ysbrydoli unrhywun. Pan sefydlwyd Eisteddfodau Pantyfedwen ym Mhontrhydfendigaid ar ddechrau'r chwedegau roedd Florence yn un o dri chyfeilydd swyddogol a benodwyd yno. Y ddau arall oedd Ted Morgan, wrth gwrs, a Sali Davies Jones. Mae'n werth ychwanegu pennill olaf teyrnged Dic yma:

> Am iddo fod drwy gydol oes
> Wrth bethau moes yn ddyfal,
> Heb chwennych bri na cheisio clod
> Awdurdod yn ei ardal,
> Fe bery'r gerdd o fewn ein bro –
> A hyn fo'i destimonial.

*

Ar ôl bod wrth draed Ted fe fues i'n cael hyfforddiant gan Redvers Llewellyn yn Aberystwyth. Roedd Redvers yn eithaf cymeriad a chyn iddo ddod i'r Adran Gerdd yn y Brifysgol yn Aberystwyth roedd e wedi bod yn Covent Garden lle'r oedd e'n brif unawdydd i Syr Thomas Beecham. Roedd ganddo acen hynod Seisnig, ond Cymro oedd e o ardal Castell-nedd.

Wedyn fe ddechreuais fynd lawr i Gaerdydd at Gerald Davies. Fe fu Gerald yn brif denor gyda Sadlers Wells. Nid yn unig y daeth e'n athro canu i fi, fe ddaeth yn gyfaill mawr hefyd, ac yn wir roedd e'n westai ym mhriodas Myfanwy a finne. Ro'n i yn ei gyngerdd coffa lawr yn Nhrecelyn ddiwedd mis Mawrth 2006 wedi iddo farw'r flwyddyn flaenorol.

Yn y cyfamser ro'n i wedi ymuno â Chlwb Ffermwyr Ifanc Dyffryn Cothi gan ddod yn rhan o weithgaredd y mudiad, yn enwedig yn yr eisteddfodau. A dyna pryd ddechreuais i ganlyn yr eisteddfodau lleol o ddifrif, ac yn raddol ymestyn allan i eisteddfodau mewn cylchoedd ehangach.

Ro'n i wedi cael cryn lwyddiant yn yr eisteddfodau llai – ac yn y tair fawr yn sir Aberteifi, sef Pontrhydfendigaid, Aberteifi a Llanbed – heb sôn an yr Urdd, wrth gwrs, cyn i fi ddechrau cystadlu yn y Genedlaethol. Fe enillais i chwe gwaith ym Mhrifwyl yr Urdd fel unawdydd, ac yn Llanrwst yn 1968 fe enillodd Dafydd Edwards a finne'r ddeuawd dan bump ar hugain. Yn Llanrwst hefyd roeddwn i'n siario llety gyda Glyndwr Jenkins, aelod ffyddlon o'r criw eisteddfodol ac adroddwr arbennig o dda.

Ond fe ddaeth troeon trwstan yn ogystal â llwyddiannau. Fe ddigwyddodd un o'r rheiny ym Mhrifwyl yr Urdd yng Nghaerdydd yn 1965. Roedd y rhagbrofion yn festri Capel Heol Crwys. Fe wnes i ychydig o lanast o'r geiriau ond fe lwyddais i gwblhau'r gân, 'Ora Pro Nobis' oedd y gân. Y beirniad oedd I. D. Harry o Harlech. Rywsut, fe lwyddais i gael llwyfan.

Yn y pennill olaf ges i'r drafferth yn y rhagbrawf ac fe benderfynais na wnawn i'r un camgymeriad ar y llwyfan. Felly dyma fi'n mynd dros y pennill olaf yn fy mhen o hyd ac o hyd. Fi oedd y trydydd a'r olaf i ganu ac wrth i fi ddod lawr o'r llwyfan fe sylwais fod y ddau gystadleuydd arall yn rhyw led chwerthin. Doedd gen i ddim syniad pam. Yna dyma'r beirniad yn traddodi ei feirniadaeth a phan ddaeth e at fy mherfformiad i, fe ganmolodd fy llais. 'Ond dyna drueni,' meddai e, 'yn anffodus fe ganodd Ifor y pennill ola'n gyntaf, a'r pennill cynta'n olaf!'

Dyna beth oedd sioc. Ro'n i wedi mynd dros y pennill olaf gymaint fel i'r geiriau lynu yn fy nghof, a dyna'r pennill cyntaf ddaeth allan.

Yng Nghaergybi'r flwyddyn wedyn fe wnes i gamsyniad unwaith eto. Ar ôl cael llwyfan fe benderfynais fynd adre a theithio'n ôl yn gynnar y bore wedyn. Ond fe ges fy nal mewn storm o law, a chael a chael fu cyrraedd Maes yr Eisteddfod mewn pryd. Roeddwn i o fewn dwy funud i gael fy nhorri allan o'r gystadleuaeth am fy mod i mor hwyr, rwy'n gwybod hyn oherwydd yr arweinydd oedd Alun Williams, ac fe gyhoeddodd e hynny o'r llwyfan.

O ran y Genedlaethol, rydw i wedi mwynhau cryn lwyddiant dros y blynyddoedd. Fe wnes i ennill bedair gwaith yn olynol, yn 1965 yn y Drenewydd, yn 1966 yn Aberafan ac yn 1967 yn y Bala gan daro'r uchelfannau drwy ennill y Rhuban Glas dan 25 yn y Barri'r flwyddyn wedyn gyda Kenneth Bowen yn brif feirniad.

Yn Aberafan fe ailadroddodd hanes ei hun. Wnes i ddim dysgu'r wers honno yn Eisteddfod yr Urdd yng Nghaergybi mae'n amlwg. Yn dilyn cael llwyfan ar yr unawd Bariton, a hynny'n golygu dod 'nôl drannoeth, fe wnes i beth gwirion iawn. Unwaith eto, yn hytrach nag aros yno dros nos fe ddewisais fynd adre a gyrru 'nôl fore trannoeth.

Tua chwech o'r gloch y bore ro'n i'n gyrru am y Mynydd Du. Ond fe ddaeth y car i stop ger Pont Sawdde wrth ymyl Llangadog. Bryd hynny, wrth gwrs, doedd dim sôn am ffonau poced. Ond fe welais i fwthyn bach ar y frest, a draw â fi. Doedd dim sôn am unrhyw fath o fywyd yno ar awr mor fore. Serch hynny, fe gurais i ar y drws beth bynnag, ac wedi rhai munudau dyma'r drws yn agor a dyn mawr mewn gŵn gwisgo hir yn sefyll yno. Yn amlwg, ro'n i wedi ei godi o'i wely. Ar unwaith fe deimlais 'mod i wedi ei weld o'r blaen yn rhywle ond fedrwn i ddim cofio ble.

Fe ymddiheurais am ei ddihuno. Wnaeth e ddim cwyno, roedd e'n gyfeillgar iawn. Fe ges i ffonio o'r bwthyn at ffrindiau oedd yn ffermio gerllaw yng Nghefngornoeth, sef y teulu Evans. Roedd Daniel y mab yn ffrind agos i fi ac rwy'n cofio'r rhif ffôn hyd yn oed nawr: Llangadog 221. Ac rwy'n cofio'r car roedd gen i'n iawn hefyd, Hillman Imp, a'i broblem oedd bod y pwmp wedi mynd ar stop. Fe ffoniais i Daniel ac fe ddaeth hwnnw draw â char newydd y teulu, Wolseley 16/60 Farina Design. Fe ges i fenthyg hwnnw ac fe drefnwyd i'r bechgyn o'r garej yn Aberaeron ddod draw i nôl fy nghar i.

Roeddwn i'n rhedeg yn hwyr nawr, a doedd yr M4 ddim yn bod bryd hynny. Y peth cynta glywais i o gyrraedd y Maes oedd llais Alun Williams – Alun eto – yn cyhoeddi o lwyfan y Pafiliwn: 'Os na fydd Ifor yma o fewn dwy funud, fe fydd y gystadleuaeth yn cau.' Ie, hanes yn ail-adrodd ei hun. Roedd hi'n rheol bod yn rhaid i gystadleuwyr fod yng nghefn y llwyfan cyn cychwyn y gystadleuaeth. Hynny yw, roedd hi'n orfodol i'r tri oedd wedi cael llwyfan fod yno'n barod. Ac ar ben hynny, yr enw olaf i ddod allan o'r het, yn ôl pob tebyg, fyddai'n canu gyntaf. A fi oedd hwnnw.

Roedd hi'n pistyllo glaw a finne nawr yn gorfod rhedeg am y Pafiliwn. Fe gyrhaeddais gefn y llwyfan gydag eiliadau'n sbâr. Fe enillais i'r gystadleuaeth honno.

Yn y cyfamser roeddwn i'n ceisio cofio enw'r dyn atebodd y drws yn y bwthyn ar y Mynydd Du. Roedd ei wyneb e'n gwrthod gadael fy meddwl. Yna, un noson wythnosau wedyn, a finne'n gwylio'r teledu dyma fi'n ei weld ar y sgrin! Pwy oedd e ond neb llai na Rupert Davies, oedd yn actio rhan y ditectif Ffrengig Maigret yn y gyfres deledu o'r un enw yn y chwedegau. Ffindes i mas yn rhyfedd iawn mai fe oedd y cyntaf erioed i ennill y wobr am Smygwr Pib y Flwyddyn gan y Cyngor Smygwyr Pib Prydeinig yn 1964; enillwyd y wobr wedi hynny gan enwogion fel Edward Heath, Eric Morcambe a Patrick Moore. Roedd gan Rupert Davies dŷ haf yn Llangadog. Yn Gymro o dras, bu farw yn 1976 a'i gladdu yn Nefyn.

Ond oni bai am Rupert Davies a theulu Evans o Gefn-gornoeth, fyddwn i ddim wedi medru cystadlu. Erbyn heddiw

Llun priodas Mam a Nhad yn 1928.

Nhad a Mam – Elin a Roscoe Lloyd. Sylwch eu bod nhw'n gwisgo'r ddwy fedal aur a enillodd Nhad am ganu.

Cwch Nhad, 'Cyffylog' yn yr harbwr yn Aberaeron – alla i ei ddychmygu e'n sefyll ar ei bwrdd yn morio canu.

Garth Villa Dre-fach lle cefais fy ngeni.

Fferm Derwen Fawr, cartre 'mhlentyndod.

Yr Ifor ifanc.

Ro'n i'n grwt plês iawn â'n hunan
wedi bod yn pysgota yn afon Cothi.

Ysgol Crug-y-bar a'r disgyblion oddeutu 1954.

Gyda'r prifathro Luther Davies.

Chwarae rygbi dros Ysgol Ramadeg Llandeilo ar ddechrau'r chwedegau.

Capel Cwrt-y-cadno ble'r enillais i fy medal gyntaf am ganu.

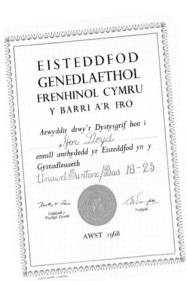

Tystysgrif y gystadleuaeth Unawd Bariton –
es ymlaen i ennill y Rhuban Glas.

Tystysgrif Gwobr Goffa Osborne Roberts.

Y Rhuban Glas yn Eisteddfod
Genedlaethol y Barri 1968.

Ennill y Rhuban Glas. O'r chwith: Eilir Jenkins, fi,
Meinir Llwchwr a Dennis O'Neill.

Deuawd yn Eisteddfod yr Urdd gyda
Dafydd Edwards yn 1968.

Ar ôl ennill Canwr y Flwyddyn yn Llangollen
yn 1971.

Fe deithiodd y bag canu gyda fi dros y byd.

Y got a roddwyd i mi'n anrheg gan Indiaid brodorol ar y daith i Ogledd America gyda symbolau unigryw'r llwyth yn blastar drosti.

Fy nghwpwrdd canu a'r holl gwpanau ynddo.

Fi, Beverly Humphreys a Glyn Jones yn America.

Yr hanes yn y papurau am fy 'antur enbyd' i Ganada ac America.

SINGING SALESMAN WINS—AT LAST

By MANSEL JONES

Singing car salesman Ifor Lloyd won the junior blue riband at the Barry National Eisteddfod yesterday. And it was at his last attempt, for next year he wi...

Mr. ...
who ...
ridin...

Cardiganshire farm has aimed at the honour for the last four years after winning the baritone section.

Yesterday was the first time he has suffered from stage nerves.

Now he has caught up with his elder brother, Ifan, who won the senior blue riband at the Rhos National Eisteddfod of 1961.

Mr. Lloyd has won championships at Llangollen and the Urdd ...onal. Last year at ...

eisteddfod he won a £100 scolarship to study music.

He decides during the next year whether or not to become a professional singer.

Adjudicator Mr. Kenneth Bowen, said Mr. Lloyd had sung like a profe...

O'r modurdy ar ga... i'r America

GYDA'R dydd cewch weld Ifor Lloyd, 24 oed o Aberaeron, Sir Aberteifi, yn gweithio mewn modurdy yn y dre ond gyda'r nos — mae Ifor mewn byd arall — yn cystadlu mewn eisteddfodau neu yn swyno cynulleidfaoedd mewn cyngherddau ar hyd a lled y wlad.

Cyn hir nid cynulleidfaoedd Cymru yn unig a gaiff y fraint o wrando ar Ifor. Y mis nesaf bydd yn teithio gyda Chor Meibion Pendyrus drwy'r Unol Daleithiau a Chanada fel canwr bariton unigol.

Tro cyntaf

Singing salesman hit with exiles

Western Mail Reporter

A singing car salesman's first record—of four songs in Welsh—is on the way to becoming a hit among exiles in Canada and the United States.

The salesman, 24-year-old Ifor Lloyd, of Aberaeron, made the record, Y Bwyth Bach To Gwellt, only a few

dryn, with which Mr. Lloyd, a bariton, won the junior blue Riband at this year's National Eisteddfod at Barry.

The record has also provided a breakthrough for classical songs into the field of Welsh popular music. It is No. 6 in this week's Welsh popular music chart published by the newspaper Y Cymro.

IFOR LLOYD ... charts surprise ...

Ifc...
fv...

TO TOUR CANADA

...or Lloyd

AN Aberaeron singer has been invited to join the Pendyrus Male Voice Choir as their chief soloist on a tour of Western C...

American tour for singing mechanic

Western Mail Reporter

A young baritone who sells and repairs cars at a West Wales garage has accepted the invitation of a lifetime — to sing in the United States and Canada.

The junior blue riband winner at the Royal National Eisteddfod at Barry, Mr. Ifor Lloyd, aged 24, of Aberaeron, Cardiganshire, is to be guest soloist with Pendyrus Male Voice Choir at 13 concerts next month.

It will be the first time for Mr. Lloyd to sing abroad. "This is a great opportunity and I am looking forward to it immensely," he said. "It will be a thrill to work with such a great choir."

By request

Mr. Lloyd was invited to team up with the Pendyrus choir by their musical director, Mr. Glynne Jones. He will be the only soloist the choir will take with them from Wales. Their other guest soloist, soprano Beverley Humphries, is already in America.

The choir are making a return tour to America and Canada at the request of their audiences of four years ago. The tour starts at Victoria on September 13 and finishes at Saskatoon on Septem...

● Ifor Lloyd, who will be guest soloist with the Pendyrus Male Choir...

DEG UCHAF "Y CYMRO"

(1)	Un, Dau, Tri: Tony ac Aloma	(Cambrian)
2 (2)	Rhywbeth Syml: Mary ac Edward	(Cambrian)
3 (4)	Can y Medd: Dafydd Iwan (Teldisc)	
4 (3)	Mae Pob Awr: Mary Hopkin	(Cambrian)
5 (6)	Y Bwthyn Bach To Gwellt: Ifor Lloyd (Dryw)	
6 (5)	Cymru'r Canu Pop: Huw Jones	(Teldisc)
7 (8)	Caru Cymru: Hogia'r Wyddfa	(Dryw)
8 (7)	Lawr Ar Lan y Mor: Y Pelydrau	(Cambrian)
9 (10)	Eiliad i Wybod: Y Pelydrau	(Cambrian)
10 (—)	Dacw'r Ardal: Dafydd Edwards	(Dryw)

Llwyddiant i fariton arall?

MAE Recordiau'r Dryw yn amlwg yn hoff o roi cyfle i ambell ganwr sydd heb fod yn canu yn y dull poblogaidd Cymraeg presennol. Rhoddasant gyfle felly i Elwyn Jones, y bariton o Lanbedrog ac fe wyr pawb fu'n astudio "Deg Uchaf Y CYMRO" am lwyddiant ei recordiau ef.

Yn awr y mae bariton arall yn cael cyfle gan recordiau'r Dryw — neb llai nac Ifor Lloyd, enillydd y rhuban glas yn y Barri eleni.

Nid oes amheuaeth o gwbl am ddawn Ifor Lloyd, mae wedi ennill yn yr Eisteddfod Genedlaethol bedair gwaith yn olynol, yn Llangollen ddwywaith, a phum gwaith yn Eisteddfod Genedlaethol yr Urdd. Mae'n anodd dirnad o ble datblygodd y fath

rwydd a chyfoeth lleisiol mewn canwr mor ifanc.

Hen ffefryn au eisteddfodol sydd gan Ifor ar ei record — maen eu canu'n deimlad, a chyda llawer o ...

Fe ddylal ei ddat ganiadau o'r 'Bwthyn Bach To Gwellt', 'Arad Goch' gael derbyniad da lawn gan wrandawyr a phrynwyr recordiau. Hwyrach nad yw'r caneuon yma yn debyg o apelio gymaint a hynny i brynwyr recordiau ysgafn Cymraeg ond fe fydd yn apelio'n gylch llawer mwy eang na'r prynwyr hynny.

Ar all ochr y record mae'n canu'r "Ciwdryn", cân o waith Vaughan Williams, y gefrin yn gyffelthiad o rai John Masefield, gan olaf yw Hughes a W. J. Parry — can yn nhraddodiad yr unawdau Cymraeg gyda thipyn o wefr yn perthyn iddi.

Dylid rhoi gair bach yma i gannol Edward Morgan ar ei gyfeiliant cynnil i ganu Ifor Lloyd a befyd i ...

Ifor Lloyd

Aeronfab yn canu Cân y Cadeirio yn Eisteddfod Genedlaethol Caerfyrddin 1974.

Llun ohonof o glawr y record *Bwthyn Bach To Gwellt*
gan recordiau'r Dryw tua 1969.

Ffrindiau ysgol yn cwrdd i hel atgofion. O'r chwith: Heulwen, Maxine, Maureen, Myfanwy, Howie, Owen, Dai a fi tua 1984.

Ffrindiau'n dod at ei gilydd i ganu – Huw Davies, Bethan Evans, Mair Griffiths a finne.

mae Rachel Evans, merch Daniel, y gŵr a ddaeth i'r adwy, mewn swydd allweddol, yn Gyfarwyddwr Cynghrair Cefn Gwlad Cymru.

Yn y Barri yn 1968 fe ddigwyddodd rhywbeth rhyfedd arall. Ar y llwyfan yn cystadlu am y Rhuban Glas roedd Eilir Thomas, y contralto; Meinir Llwchwr, y soprano; Dennis O'Neill, y tenor, a finne. Hwn oedd fy nghyfle olaf i ennill gan fy mod i ar fin cyrraedd y pump ar hugain oed. Cadeirydd y panel beirniaid oedd Kenneth Bowen. Yn y Barri fues i ddim mor ffôl y tro hwn â mynd adre a dod 'nôl y bore wedyn. Yn hytrach cefais le i aros dros nos yn y Sandringham Hotel yng Nghaerdydd. Gyda fi roedd cyfaill mawr, Manod Rees o Lanilar, hwnnw hefyd yn gystadleuydd rheolaidd ar y canu ac ar yr adrodd. Ar fore cystadleuaeth y Rhuban Glas ro'n i'n mynd drwy'r nodau, neu'r graddfeydd yn fy stafell yn y gwesty. Yr hyn na wyddwn i oedd bod yna ddau yn gwrando gyda diddordeb mawr yn y stafell nesaf. Yn digwydd bod yno ar eu mis mêl roedd Dai Ty'n Llwyn, Llangwyryfon, a'i briod. Roedd Dai yn un o'r un cylch eisteddfodol ag yr oeddwn i'n rhan ohono ac yn ganwr tenor swynol iawn.

'Rwy'n siŵr,' meddai e wrth ei wraig, 'mod i wedi clywed Ifor Lloyd yn canu drws nesa.'

A hithau'n ateb, 'Paid â siarad shwt ddwli. Mae'n rhaid dy fod ti wedi cael un bach yn ormod neithiwr!'

Ond Dai oedd yn iawn. Oedd, roedd Dai Ty'n Llwyn a Dai Llanilar, Dafydd Edwards a Carol Jones, Angela Rogers Lewis ac Eirwen Hughes, Alun Jenkins Capel Bangor a John Glant a Lisa ei wraig yn rhan o'r criw ffyddlon. Heb anghofio'r aderyn brith hwnnw, Peter Davies Goginan, adroddwr na chlywyd ei debyg. Yn rhan o'r un criw roedd adroddwyr eraill fel Glyndwr Jenkins a Vernon Jones.

Fe fu yna gysylltiad clòs iawn rhwng Dai Jones, Dafydd Edwards a finne am reswm arall heblaw am y canu. Mae'r tri ohonon ni'r un oedran ac yn dathlu ein penblwyddi o fewn wythnosau i'n gilydd. Roedd hynny'n golygu y byddai'n arfer i ni gyd-ddathlu. Fe ddathlodd y tri ohonon ni ein pen-blwydd mawr yn ddeg a thrigain yn ystod misoedd olaf 2013.

Ie, yr un hen griw, ac yn ein tro fe fydden ni'n ennill fan hyn ac yn colli fan draw. Fe wydden ni'n weddol siŵr pwy fyddai'n ennill o wybod pwy fyddai'n beirniadu. Fe fyddwn i'n eitha saff o gael gwobr gyntaf o dan Arthur Vaughan Williams. Yn yr un modd fe fyddai Dai Llanilar yn siŵr o fuddugoliaeth o dan Leslie Wyn Evans. Dafydd Edwards fyddai'r ffefryn o dan Decima Morgan Lewis. Cofiwch, nid ffafriaeth fyddai hyn, na, dilyn eu chwaeth fyddai'r beirniaid bob un.

*

Roedd yna rai cymeriadau'n rhan o'r gylchdaith fyddai'n sefyll allan. Rwy'n cofio bod yn Eisteddfod y Borth, a Roy Bohana'n beirniadu ac yn gresynu fod yna brinder altos. Ond yr hyn sy'n sefyll yn y cof o'r eisteddfod honno oedd gweld Alcwyn Magor yn sefyll ar y llwyfan yn barod i gyflwyno'i adroddiad digri, 'Nani-gôt Mam-gu'. Yr awdur oedd Hilda Thomas, Cwmere. Fe gyfansoddodd hi nifer o gerddi doniol i Alcwyn. Ar y noson arbennig hon gorfu iddo ddod o'r llwyfan heb gystadlu am i'r arweinydd fethu â chael y gynulleidfa i roi'r gorau i chwerthin cyn iddo fe adrodd y llinell gyntaf hyd yn oed. Chi'n gweld, cyn iddo adrodd byddai'n tynnu ei ddannedd gosod a hynny'n dyblu'r effaith gomig a gâi. Dim ond iddo agor ei geg, roedd cynulleidfaoedd yn mynd yn ddwl gyda'u chwerthin.

Rhyfedd fel roedd rhai cymeriadau'n medru dod ag

eisteddfod gyfan i stop. Un arall oedd Jim Powell, arweinydd Côr Trisant. Ef oedd Laurence Olivier yr eisteddfodau; fe wisgai glogyn hen ffasiwn dros ei ysgwyddau a sgarff sidan wen yn hongian o gwmpas ei wddf – thesbiad perffaith.

Un arall o'r cyfnod oedd fy hen gyfaill mynwesol, Alun Jenkins o Gapel Bangor. Yn wahanol i'r rhan fwyaf ohonom, fe aeth Alun ymlaen i Sadler's Wells ac i ganu'n broffesiynol. Roedd ei fam Lynne wedyn yn fenyw ddansherys ar yr emyn dros drigain. Ac o sôn am y gystadleuaeth honno, mae'n rhaid cyfeirio at hen gymeriad o Lanafan, John David Jones, a ganai o dan y ffugenw Afan. Un bach, eiddil yr olwg oedd e, ond pan ganai 'Y Gŵr o Ffynnon Jacob' fe fedrech glywed pin yn disgyn: roedd y peth yn brofiad ysbrydol.

Un o'r cymeriadau mwyaf, er ei fod e'n amlycach yn nyddiau Ifan fy mrawd, oedd David Lloyd Davies, Tal-y-bont. Fe allai hwnnw fod wedi gwneud actor o fri neu bregethwr cyrddau mawr o'r hen deip. Roedd ganddo bresenoldeb rhyfeddol ac ar ei orau doedd neb allai ei guro. Ei *forte* oedd yr aria 'Infelice! e tuo credevi' allan o'r opera *Ernani* gan Verdi. Fe fu'n frwydr fawr droeon rhyngddo fe ac Ifan fy mrawd. Roedd Dai yn fwy o fariton, tra roedd Ifan yn fwy o faswr; fe aeth Dai yn ddiweddarach i weithio fel tywysydd yn yr Amgueddfa Werin yn Sain Ffagan.

Roedd hi'n bwysig eich bod chi 'mewn' gyda'r gynulleidfa, yn enwedig os byddai Bois y Bont yno. Fe fyddai'r criw hwn o Bontrhydfendigaid yn bresennol ym mhob eisteddfod leol, llond hen gar mawr Austin 16 a Dic Bach, clobyn anferth o ddyn, yn gyrru. Un peth bydden nhw'n ei wneud os na fyddech chi'n eu plesio nhw – fel yn Neuadd y Coroniad ym Mhumsaint un noson – fyddai creu twrw mewn ffordd ddyfeisgar iawn. Eu hymateb i sylwadau'r arweinydd wedi i hwnnw eu cyhuddo o gadw sŵn

oedd tynnu darn o bren ar hyd y waliau sinc tu allan gan greu'r
twrw rhyfeddaf. Byddai'r un peth yn digwydd yn Llangybi a
Goginan, yn wir unrhyw eisteddfod a gâi ei chynnal mewn
adeilad sinc ar wahân i Eisteddfod yr Eglwys yn y Bont, waeth
fydden nhw byth yn creu twrw ar eu tomen eu hunain.

Ond roedd Bois y Bont yn adnabod eu pobol. O ran
cystadleuwyr, dim ond y rheiny oedd yn ymddangos braidd yn
ffroenuchel gâi eu heclan, a hynny'n ddidrugaredd. Ro'n i, diolch
byth, yn gadwedig. Yn aml iawn hefyd fe âi'n frwydr eiriol rhwng
y bois a'r arweinydd neu ambell feirniad. Ond fe fyddai beirniad
ffraeth fel Llwyd o'r Bryn yn eu heclan nhw 'nôl.

Mae yna stori dda am Dic Bach yn Eisteddfod Llanddewibrefi
yn creu helynt. Dyma'r arweinydd yn galw ar un o'r stiwardiaid
– dyn cydnerth – i daflu Dic allan. Fe gododd Dic a cherdded
yn ufudd gyda'r stiward er mawr syndod i'r gynulleidfa. Ond
o gyrraedd y drws dyma Dic yn camu i'r naill ochr, cydio yng
ngwar a thîn trowser y stiward a'i daflu yntau allan. Yna fe
gaeodd Dic y drws yn glep a sefyll â'i gefn ato gan gyhoeddi
wrth yr arweinydd, 'Dyna ni, chewch chi ddim mwy o drafferth.
Ymlaen â'r steddfod!'

Mae gen i gof clir o fod yn Eisteddfod Abergynolwyn wedyn a
Leslie Wyn Evans wedi dod yno yn ei gar MG. Ychydig ynghynt
mewn eisteddfod roedd rhywun, neu rywrai, wedi gwneud
difrod i'r car. Yn Abergynolwyn fe gymerodd dros awr iddo fe
ffeindio lle diogel i adael y car bach dwy sedd, a'r eisteddfod ar
stop a phawb yn disgwyl amdano.

Roedd y rhan fwyaf o'r beirniaid hyn yn gryn gymeriadau,
pobol fel Gwilym Gwalchmai. Ac fel y soniais i ynghynt, Llwyd
o'r Bryn, na allai ynganu'i 'R'. Mewn eisteddfod yng Nghydweli
fe ddwedodd Arthur Vaughan Williams stori amdano fe a'r
Llwyd yn cyd-feirniadu'n rhywle yn ardal Dinbych. Ar y ffordd

adre roedd hi'n bwrw eira'n drwm, ac wrth groesi drwy Rosydd
Dinbych fe fu'n rhaid i Arthur ddod i stop am ei fod e ar goll.
Roedd hi tua thri o'r gloch y bore ac eira'n gorchuddio manylion
pob arwyddbost. Fe gamodd o'r car ac aeth ati i rwbio'r eira bant.
A sylw Arthur oedd mai dyma'r tro cyntaf erioed iddo fedru
clywed tawelwch. Ie, clywed tawelwch, dyna i chi ddweud mawr.

Un arall sy'n aros yn fyw yn y cof yw Meirion Evans,
Glanaman. Nodwedd arbennig Meirion oedd y byddai bob
amser yn gwisgo dici bow. Ro'n i'n cyd-feirniadu â Mair Wyn yn
Eisteddfod Swyddffynnon yn ddiweddar ac fe ddaeth Meirion
'nôl i'r meddwl. Fel mae'n digwydd, mae Mair bellach yn byw
yn hen gartref Meirion. Roedd hi'n cofio amdano yn gwneud
gwaith adeiladu ar y tŷ, a'r dici bow wedi'i gosod yn dwt o dan
yr ofyrôls. Bron iawn na fyddai e'n gwisgo'i ddici bow i'r gwely'r
nos. Roedd Meirion yn un o'r hen stejyrs. Doedd e ddim wedi
cael addysg goleg ond roedd ganddo flynyddoedd o brofiad
gwerthfawr.

*

Amser da oedd diwedd y chwedegau a dechrau'r saithdegau.
Teithio pell, oriau hwyr ac ychydig iawn o gwsg a'r cyfan yn
werth y drafferth petai ond am yr hwyl. Mae gen i gof da o
fynd fyny i Eisteddfod Llangadfan. Dim ond Dai Jones a fi o'r
criw arferol oedd yno. Ac yn ogystal â chystadlu fel unigolion
fe benderfynon ni gystadlu hefyd ar y ddeuawd gan fod yna
wobr o bum gini. Roedd y trefnwyr yn amlwg wedi sylweddoli
mai dim ond un ddeuawd fyddai'n cystadlu ac fe sylwodd Dai a
finne nad oedd sôn am gystadleuaeth y ddeuawd wrth i'r noson
fynd yn ei blaen. Yna dyma'r arweinydd yn cyhoeddi fod yr
eisteddfod i ddod i ben gyda'r Anthem Genedlaethol. A fyny â

ni i'r llwyfan er mwyn mynnu canu'r ddeuawd. Ond erbyn hynny roedd y gyfeilyddes wedi taro nodau cyntaf yr anthem. Fe geison ni brotestio.

'Na! Na!' gwaeddodd Dai a finne. ''Dyw'r ddeuawd ddim wedi bod eto.'

Wnaeth neb wrando. Fe arbedwyd talu pum gini, ac yn hytrach na chanu'r ddeuawd a fwriadwyd fe wnaeth Dai a fi ddeuawd o 'Hen Wlad fy Nhadau' o'r llwyfan.

Fe brofodd 1968 yn flwyddyn fawr. Yn ogystal ag ennill y Rhuban Glas, dyna pryd ges i wahoddiad i fynd allan i Ganada gyda Chôr Pendyrus. Yn Eisteddfod Pantyfedwen ym Mhontrhydfendigaid fe wnes i gryn argraff ar Glynne Jones, y beirniad: ef oedd arweinydd Côr Pendyrus, wrth gwrs.

Yn ôl Glynne, fi oedd canwr mwyaf addawol yr eisteddfod ac roedd yna ysgoloriaeth o gan punt ar gyfer y canwr mwyaf addawol. Fe aeth blynyddoedd heibio heb i fi wario'r siec, ac fe ges fy atgoffa yn 2012 nad o'n i wedi defnyddio'r arian, a oedd ar gyfer mynd ymlaen i astudio cerddoriaeth. Ond yr hyn wnes i oedd rhoi'r arian yn ôl i Eisteddfod y Bont ac yna ymdynghedu i gyfrannu'r un swm yn flynyddol i'r ŵyl. Ond stori arall yw honno. Yn 2014 roedd yr ŵyl yn dathlu ei hanner canfed pen-blwydd.

Rwy'n cofio'n dda mynd i'r eisteddfod gyntaf yn y Bont i'w chynnal yn y Pafiliwn Mawr. Mae'n anodd credu i'r ŵyl ddathlu ei hanner canmlwyddiant. Pan gerddais i mewn i'r adeilad anferth, sylw cyntaf Dai Tŷ'n Llwyn oedd gyda fi oedd, 'Diawch! Fe wnele hwn seilej pit bendigedig!'

Fe newidiodd tair eisteddfod fawr Pantyfedwen y sefyllfa'n llwyr o ran gwobrau. Cyn hynny byddai'r prif wobrau am yr Her Unawd a'r Her Adroddiad mewn gwahanol eisteddfodau tua phum gini ar y mwyaf ac mor isel â dwy gini weithiau. Ond nid y rhain oedd y cyntaf i brofi fod gwobrau mawr yn denu

cystadleuwyr. Pan oedd Nhad yn grwt ifanc roedd Eisteddfod
Mydroilyn yn un boblogaidd iawn gyda'r wobr ar yr Her
Unawd tua deg swllt. Un flwyddyn fe alwyd pwyllgor ar gyfer
trafod yr eisteddfod y flwyddyn wedyn. Oherwydd tywydd
gwael, dim ond criw o bobol ifanc wnaeth drafferthu mynd
yno. Fe benderfynwyd yn absenoldeb yr hen griw ceidwadol a
thraddodiadol i fentro drwy gynnig gwobr o bum punt. Bu'r
ymateb ymhlith yr hen griw'n feirniadol iawn. Ond fe ddenodd y
wobr fawr fwy o ddiddordeb nag erioed o ran cystadleuwyr ac fe
gafwyd yr eisteddfod orau yn hanes y fro.

Fe ddigwyddodd yr un peth gyda sefydlu'r tair gŵyl fawr ac fe
gododd y prif wobrau dros nos bron iawn i drigain a hyd yn oed
i gan punt. Roedd hyd yn oed y gwobrau yn yr adran blant wedi
cynyddu at hanner canpunt. Roedd hyn yn arian dychrynllyd
hanner canrif yn ôl, ond llwyddwyd i ddenu cystadleuwyr
dirifedi. Mewn ambell ragbrawf yn y Bont, Aberteifi neu Lanbed
fe geid i fyny at dri dwsin o gystadleuwyr.

Un peth oedd yn gyffredin yn yr eisteddfodau llai oedd
y byddai gwobr ariannol neu dlws i'w hennill bob amser, ac
weithiau byddai'r ddau ar gael ym mhob cystadleuaeth. Fe
allai'r wobr ariannol fod yn isel, gini, er enghraifft. Ond i'r
enillydd cyntaf yn aml fe fyddai medal neu gwpan hefyd. Mae
gen i gwpwrdd gwydr yn y tŷ sy'n orlawn o dlysau. Yn eu plith
mae'r fedal gyntaf enillais i erioed. Fe wnes i'n siŵr o'r dechrau
cyntaf y byddwn i'n glynu darn o bapur ar bob tlws yn cynnwys
manylion fel enw a blwyddyn yr eisteddfod ac enw'r beirniad
oedd wedi fy ngwobrwyo. Rwy'n falch o hynny erbyn hyn a
thrwy edrych ar waelod pob cwpan neu ar gefn pob medal mae
modd ail-fyw'r gorffennol.

Weithiau, fel rhyw gimic fe fyddai ambell eisteddfod nawr ac
yn y man yn cynnig tlws gwahanol. Un flwyddyn yn Eisteddfod

Cwrtnewydd fe gynigiwyd dysgl arian ar gyfer dal cacennau neu losin am ganu emyn dan ddeg ar hugain. Fe ddenodd y wobr hon gymaint â thri ar hugain o gystadleuwyr, y mwyafrif ohonynt yn ferched. Y beirniad oedd Arthur Vaughan Williams ac fe wyddwn y byddai gen i siawns dda. Fe wnes i gystadlu, er na fyddwn i byth fel arfer yn cystadlu ar yr emyn, ac fe enillais ac mae'r ddysgl arian yn ddiogel yn y cwpwrdd tlysau o hyd.

Byddai ambell eisteddfod yn cynnig cadair fechan am ganu. Dim ond un gadair enillais i erioed, a hynny yn Eisteddfod Maenclochog. Ond yr arferiad fyddai gwobr ariannol, medal neu gwpan neu gyfuniad o dlws a gwobr ariannol.

*

Rwy'n dipyn o bioden cyn belled ag y mae cadw a storio memorabilia eisteddfodol yn y cwestiwn, fe gofiwch am fy llyfr llofnodion. Yn ogystal â'r tlysau rwy wedi cadw hen raglenni eisteddfodau a chyngherddau yn ogystal â thoriadau papur newydd dros y blynyddoedd. Fy ngwendid i yw diffyg trefn, ond diolch i Myfanwy'r wraig mae'r cyfan yn drefnus mewn ffeiliau. Roedd Mam o'i blaen yn un dda am gadw popeth yn deidi, prin fyddai hi'n taflu dim ac mae Myfanwy wedi etifeddu ei harferiad hi yn hynny o beth. Da o beth yw hynny yn fy marn i, waeth mae cymaint wedi taflu neu losgi lluniau a dogfennau pwysig o'u gorffennol. Ond diolch i Mam ac i Myfanwy mae ganddon ni stôr o atgofion gwladwy, ac mae pob rhaglen, pob darn o bapur yn dod yn ôl ag atgofion melys, ac yn wir mae llawer iawn o'r eisteddfodau a gofnodir yn y ffeiliau wedi hen ddod i ben a'u rhaglenni'n darllen fel taflenni angladd am y rhai hynny sydd wedi'n gadael ni bellach.

Mae'n ddiddorol edrych 'nôl ar rai o'r rhaglenni hynny a

sut y newidiodd pethau dros y blynyddoedd. Yn Eisteddfod Swyddffynnon 1963, y wobr gyntaf am yr Her Adroddiad oedd pymtheg swllt. Medal oedd y wobr am yr unawd dan bedair ar ddeg a hanner coron i'r ail, ac wrth gwrs Ted Morgan oedd yn cyfeilio.

Yn Llandysul ar 7 Chwefror 1969 roedd elw'r eisteddfod yn mynd at atgyweirio tŵr eglwys y plwyf, y beirniad llên ac adrodd oedd R. Alun Evans ac roedd gwobr o dair punt am ganu pop – arwydd o chwaeth y cyfnod.

Yng nghapel y Methodistiaid, Llan-non ar 5 Rhagfyr 1969, fi a'm hen gyfaill Glyndwr Jenkins oedd yn beirniadu, punt oedd y wobr gyntaf i'r corau. Yn Eisteddfod Calan Betws yn Rhos y flwyddyn honno roedd Geraint Lloyd Owen yn beirniadu'r adrodd a'r llên. Testun yr englyn oedd 'Y Compiwtyr', arwydd arall o'r amserau, ac roedd dwy bunt i'r grŵp pop gorau a phunt i'r unawdydd pop gorau.

Dyna i chi Eisteddfod yr Annibynwyr yn y Bala wedyn ar 6 Mawrth 1970, a'r tro hwn y wobr i'r côr buddugol yn seithbunt. Cwpan a thair gini oedd y wobr gyntaf yn yr Her Unawd. Fe fyddwn i weithiau'n mynd tua'r ffin. Yn Eisteddfod Ceintyn ar 20 Mehefin yr un flwyddyn y Llywydd oedd Geraint Howells, a dengys y rhaglen fod tair gini'n wobr i bencampwr yr Her Unawd. Yma roedd yna gystadleuaeth darllen darn o Lyfr Eseia gyda gwobr gyntaf o ddeg swllt a chwe cheiniog, hynny yw, hanner gini. Mewn eisteddfod a sioe yn yr hen ddyddiau, y gini, nid y bunt, oedd yr arian cyfred.

Roedd yna eisteddfod yng Ngheri ger y Drenewydd ar 12 Mehefin 1971 gyda Philip Moore a Meirion Evans yn beirniadu'r adran gerdd. Yn rhyfeddol, roedd gwobr o ddeugain punt a chwpan arian i'r côr meibion gorau ac wythbunt i enillydd y canu emyn.

Yn eisteddfod Tregaron, pan own yn ifanc, a Dan Jones yn feirniad, roedd cystadleuaeth yr unawd Gymraeg yn un bwysig. Fe ganodd un hen frawd 'O'r niwl i'r Nef' a phan ddaeth yn amser i Dan draddodi ei feirniadaeth arno, dywedodd wrth y creadur, 'Na'i gyd allaf ddweud heno am eich perfformiad, yr oeddech wedi mynd ar goll yn y niwl.'

Byddai Nhad yn sôn am eisteddfod bwysig y 'semi National' yn Llanbed ac un tro roedd y cymeriad hwnnw Tawe Jones yn feirniad. Y gân ar gyfer yr unawd Gymraeg oedd 'Merch y Cadben' a hanner cant yn ceisio. Cyn dechre, er mwyn arbed amser, dywedodd Tawe, 'Os byddaf yn anfodlon ar berfformiad, byddaf yn taro'r pensil ar y bwrdd i'ch atal rhag cario 'mlaen.' Roedd cryn bwysau ar y cantorion, felly. Fodd bynnag, fe gafodd pawb fynd drwodd hyd y canwr olaf. Ond pan ddaeth y truan olaf at y rhan, 'Mae'n boddi, mae'n boddi,' dyma Tawe'n tapio'r ford, a'r hen lanc yn dweud wrth y beirniad yn blaen, 'Wel, bodded i uffern te!'

Yn yr eisteddfod hon hefyd un tro roedd côr Bangor Teifi yn cystadlu, a'r côr yn ddau gant a hanner o leisiau a phob un o'r dau cant a hanner llais wedi bod allan yn mwynhau mewn tafarn cyn mynd i berfformio. Roedd y canu'n fyddarol, a'r gynulleidfa ar eu traed yn clapio ar ddiwedd y perfformiad. Clements Fforest-fach, oedd yn beirniadu, ac yntau'n feirniad profiadol eto, cododd i roi ei ddyfarniad, ac fe ofynnodd yn ddireidus i'r gynulleidfa, 'Pwy sydd wedi ennill?'

'Bangor Teifi,' oedd y floedd fawr ddaeth yn ei hôl gan y gynulleidfa.

Dyma Clements yn tynnu fforc diwnio allan o'i wasgod, a dywedodd, 'Oni bai am hon, mi fyddwn yn gytûn â chi. Rydym wedi gweld cyfeiliant ar y lefel uchaf gan arweinydd a chyfeilydd y côr yma heno.' Yn cyfeilio i'r côr a hefyd yn eu harwain yr oedd neb llai na Huw Hughes, oedd wedi dilyn y côr nodyn wrth nodyn gyda'i gyfeiliant ar y piano wrth iddyn nhw lithro'n raddol lawr y raddfa nodau a methu cynnal y donyddiaeth o ganlyniad i'r boddhad gawson nhw'n y dre cyn perfformio. Wnaeth y gynulleidfa ddim sylwi ar y llithro oherwydd bod Huw Hughes mor ddeheuig yn cyfeilio, ond roedd fforc diwnio'r beirniad yn dipyn craffach.

O'r dechrau, o ran y canu, fe bendefynais gadw fy nhraed ar y ddaear. Gan fy Wncwl Ifor, hwnnw yr enwyd fi ar ei ôl, y ces i'r cyngor gorau erioed. Yn dilyn fy llwyddiant cyntaf yn y Genedlaethol fe wnaeth Wncwl Ifor, o Abermeurig, fy llongyfarch, ac yna dyma fe'n dweud fel hyn, 'Nawr, cyngor i ti. Paid â gadael i'r llwyddiant hwn fynd o dy galon di i dy ben di.'

*

Roedd y rhain yn flynyddoedd prysur, prin fyddwn i adref dros y penwythnosau. Ar sail llwyddiannau 1968, ac yn arbennig fy llwyddiant yn y Bont, y daeth y gwahoddiad i fynd ar y daith i Ogledd America. Fi a Beverley Humphreys o Bontypridd oedd yr unawdwyr gwadd, a thair blynedd yn ddiweddarach fe ges i wahoddiad i fynd allan eto gyda'r côr i Ganada.

Teithio oedd y boen fwyaf. Fe fyddwn i'n mynd bellteroedd i gystadlu neu i berfformio mewn cyngherddau. Rwy'n cofio ymddangos gyda Chôr Pendyrus yn Llangefni gan letya dros nos yng ngwesty'r Bull ar y sgwâr. Yno roedd pawb yn mwynhau ar ôl y cyngerdd, a thuag un o'r gloch y bore dyma griw o bobol – fe'u galwaf nhw'n bobol oedd yn hyddysg mewn dal pysgod – yn dod i mewn i'r bar â beichiau o bysgod. Fe yrrais i adre'r bore wedyn â'r radio'n bygwth eira, ac fe lwyddais i gyrraedd brig y Crimea. Os bydd yna eira yn rhywle yng Nghymru, yna ar y Crimea fydd yr eira hwnnw. Wel, roedd hi'n bwrw eira'n drwm erbyn hyn ac yn gwaethygu. Roeddwn i'n dal i wrando ar y radio ac erbyn cyrraedd Machynlleth dyma'r cyhoeddwr yn dweud fod y Crimea yng nghau. Mae'n rhaid mai fi oedd un o'r rhai olaf i lwyddo i gyrraedd y brig a lawr yr ochr arall. Fi yn sicr oedd yr olaf i gyrraedd y brig gyda physgod yng nghefn y car!

Fe fyddwn i'n cystadlu yn yr eisteddfodau cymharol leol i gyd, Pont-rhyd-y-groes, Trisant, Llanilar, Dre-fach Felindre. Ond fe fyddwn i'n barod i deithio ymhell i gystadlu hefyd; lawr i Gydweli, Eisteddfod y Glowyr ym Mhorthcawl, lle byddai Dai Francis yn ffigwr amlwg iawn, i fyny i'r gogledd wedyn i Lanfachreth a'r Groeslon, doedd unman yn rhy bell.

Ond doedd y teithiau hyn yn ddim byd o'u cymharu â rhai o'r teithiau tramor. Un peth am y teithiau yng Nghanada ac America'n arbennig oedd y pellteroedd anhygoel fyddai'n rhaid i ni deithio. Fe olygodd yr ymweliad yn 1968 deithio deunaw mil o filltiroedd ar awyren, bws a chwch, y cyfan o fewn un diwrnod ar bymtheg ac roedd pymtheg o gyngherddau'n ein disgwyl yno ar ben hynny. Fe olygai weithiau deithio tua phum can milltir ar y tro. Gallem fod yn perfformio yn Swift Current ar noson arbennig ac yna fe olygai deithio tua phum can milltir cyn i ni gyrraedd y lle nesaf. Rwy'n cofio mynd o Vancouver i Edmonton dros fynyddoedd y Rockies ar y trên, a hwnnw'n naturiol yn drên cysgu, a stopio rywle yng nghanol y mynyddoedd tua hanner nos. Fe ddihunais i a meddwl mai man a man fyddai i fi godi i gael diod o sudd oren felly fe es i draw i'r cerbyd bwffe a gweld rhyw gwnsela rhyfedd yn digwydd dros y cownter. Ac yna fe ddois i ddeall mai rhai o'r Indiaid brodorol oedd yno yn cyfnewid eogiaid a ffesantod am wisgi a sigaréts.

Ces ymweld â chartref rhai ohonyn nhw ar eu tiriogaeth

frodorol a chael anrheg anhygoel ganddyn nhw. Cot oedd hi
wedi ei gwau, un drwchus ac yn pwyso powndi ac mae hi gen i
o hyd. Arni mae symbolau'r llwyth, sef yr arwyddion totem sy'n
gwahaniaethu'r llwythau wrth ei gilydd. Yn wir, mae hi'n un o fy
mhrif drysorau.

Fel un sy'n gyfarwydd ag afonydd da am bysgod yn sir
Aberteifi, diddorol fu cael bod yn bresennol mewn cystadlaethau
pysgota. Wythnos cyn i ni gyrraedd roedd eog wedi ei ddal yn
afon Frazer yn 96 pwys. Roedd gŵr i gyfnither i fi yn bencampwr
pysgota ar afon Teifi, a phan adroddais i'r hanes wrtho fe, wnâi
ei ddim fy nghredu i. Yn anffodus ro'n i wedi gadael y llun o'r
lefiathan hwn ar ôl yng Nghanada.

Oedd, roedd popeth yn fwy ar gyfandir America, hyd yn oed
y tomatos. O'n i ddim wedi gweld tomatos bîff erioed o'r blaen.
Wir i chi roedden nhw o faint grawnffrwyth. Roedd Geraint
fy nghefnder yn rhedeg canolfan arddio yn Aberaeron. A phan
ddisgrifiais i domatos Canada iddo fe, wnâi yntau ddim credu
chwaith, wrth gwrs. Er mwyn i fi brofi bodolaeth y fath bethau
anhygoel ro'n i wedi llwyddo i gael cyflenwad o hadau. Ond
pan es i ati i chwilio amdanyn nhw ro'n i wedi anghofio'r rheiny
hefyd!

Anghofia i byth mo'r daith honno. Fy mhrofiad cyntaf o'r Byd
Newydd oedd glanio mewn heulwen lachar ar Ynys Baffin. Codi
o'r fan honno wedyn a disgyn ym mhen pedair awr ym Maes
Awyr Rhyngwladol Vancouver. Fe dreulion ni'r dyddiau cyntaf
yn British Columbia lle buom ni'n perfformio o flaen cynulleidfa
o bedair mil. Fe wnaethon ni ymddangos yn fyw ar deledu'r wlad
hefyd. Ac yn Vancouver buom yn perfformio o flaen cynulleidfa
o ymron i dair mil.

Ar Ynys Vancouver roedden ni'n aros yn yr Empress Hotel yn
Victoria ac wedyn mynd i fyny i Nanaimo yn British Colombia.

Y rhan fwyaf o'r amser, lletya gyda phobol leol fydden ni. Yno fe ges i a Graham Elliot, y dirprwy organydd ac organydd Eglwys Gadeiriol Llandaf, lety gyda theulu o drefnwyr angladdau. Fe fynnodd gwraig y lle ein bod ni'n mynd gyda hi i weld y capel gorffwys. Fe aethon ni gyda hi er braidd yn anfodlon. Roedd hi wedi ein sicrhau ni fod y lle yn wag. Ond heb yn wybod iddi hi roedd yna gorff wedi cyrraedd. Ac yn sydyn dyma ni'n dod wyneb yn wyneb a chorff rhyw druan ymadawedig mewn arch agored.

Y noson honno, wedi'r profiad brawychus, roedden ni braidd yn dawedog. Fe sylwodd Glynne Jones ar hyn a dyma fe'n gofyn, yn gwbl ddiniwed, 'Beth yn y byd sy'n bod arnoch chi'ch dau? Odych chi wedi gweld corff, neu rywbeth?' Ac oedden, mi oedden ni.

Ymlaen 350 milltir wedyn ar ein taith ddibendraw, heibio i'r Rockies, oedd yn cuddio mewn niwl gwaetha'r modd. Fe aethon ni yn ein blaen ar hyd Ynys Vancouver i Courtney gan letya yng nghartrefi aelodau o'r Clwb Kiwanis. Ymhlith y mannau lle buom ni'n perfformio hefyd roedd Kelowna, Lethbridge, Alberta a Great Falls a Havre ym Montana dros y ffin yn America.

Roedd Calgary yn lle hynod ddiddorol, yn ddinas a wnaeth ei chyfoeth o wartheg, a lle buom yn canu o flaen cynulleidfa o fil a hanner o bobl. Fe fu teithio'n anodd iawn gan iddi ddod yn eira trwm. Ar ein ffordd, fe alwon ni yng Nghanolfan Taflegrau Awyrlu America i ymweld â'r lle ac yna ymlaen i Swift Current yn Saskatchewan, taith o ddim ond dau gan milltir y tro hwn. Dim ond! Doedd hyn yn ddim o'i gymharu â'r daith wedyn i Winnipeg ac yn ôl, mil o filltiroedd o daith mewn pedair awr ar hugain.

Yn ninas Regina, Saskatchewan fe'n gwahoddwyd ni i ganolfan y Royal Mounted Police cyn i ni ymddangos yn fyw ar deledu'r wlad. Cynhaliwyd y cyngerdd olaf o'r daith o flaen aelodau o Gymdeithas Gŵyl Ddewi Edmonton. Am daith! Roedd ein rhaglen ni'n amrywio'n fawr, darnau o'r unfed ganrif ar bymtheg hyd at yr ugeinfed ganrif. Eitemau traddodiadol corau meibion, caneuon operatig a chaneuon gwerin. Roedd y gweithiau gan wahanol gyfansoddwyr o Orff i Palestrina, Schubert, Wagner a Cherubini a gwaith diweddar gan David Wynne a Mansel Thomas – tipyn o raglen.

Yn 1971 fe ddaeth gwahoddiad i fynd ar daith arall i Ganada ac America, eto gyda Chôr Pendyrus, ac yn gwmni'r tro hwn roedd fy hen gyfaill Dai Llanilar a chyda ni hefyd roedd y darlledwr Harvard Gregory ac Aeronwy Thomas, merch y bardd Dylan Thomas. Roedd Trefor Ellis, cyn-löwr, yn aelod o'r côr ac o ganlyniad i gyfeillgarwch Aeronwy ac yntau ar y daith fe briododd y ddau'n ddiweddarach. Bu farw Aeronwy o gancr yn 56 oed yn 2009. Roedd hi'n ferch annwyl iawn a allai swyno cynulleidfaoedd gyda'i chyflwyniadau o waith ei thad a'i gwaith eu hun hefyd.

Hon fyddai trydedd taith Pendyrus i Ogledd America. Roedd e'n ymweliad o ymron i dair wythnos yn cychwyn yn San Francisco ac yn gorffen yn Efrog Newydd, hynny yw, o arfordir i arfordir. Roedd ein hymweliad yn cyd-fynd â'r Wythnos Brydeinig yn San Francisco, a Phendyrus oedd y côr cyntaf o Gymru erioed i fod yn rhan o'r digwyddiad blynyddol hwn.

Crewyd hanes mewn ffordd arall hefyd. Ni oedd y teithwyr cyntaf i hedfan allan o Faes Awyr y Rhws mewn Boeing 707 awyren yn perthyn i gwmni British Caledonian. Fe aeth llond dau fws ohonon ni o'r Maerdy am y maes awyr er mwyn hedfan am unarddeg y bore ar 7 Hydref 1971. Yn anffodus fe ddisgynnodd niwl trwm a wnaethon ni ddim llwyddo i adael tan chwarter wedi tri yn y prynhawn. Y noson wedyn roedden ni i fod ar lwyfan y Masonic Auditorium, ond cyn hynny fe gawson ni gryn syndod pan alwod dau unawdydd byd-enwog draw i ddymuno'n dda i ni, neb llai na Syr Geraint Evans a Stuart Burrows.

Fe deithion ni ar fysys trannoeth i Sacramento a chael y cyfle i weld pont enwog San Francisco, y Golden Gate Bridge. Yna ymlaen i Angwin, California i'r Pacific Union College. Fe gawson ni gyfle i alw yng ngwinllannoedd Cymro alltud, Jack Davies, yn Napa Valley, sef gwinllannoedd Schramsberg, cyn dychwelyd am noson olaf yn San Francisco.

Ymlaen wedyn i Portland, Oregon ac ymlaen eto o'r fan honno ar awyren i Vancouver yng Nghanada lle buom ni'n perfformio yn Theatr y Frenhines Elizabeth. Wedyn ymlaen ar drên am Alberta, gan letya yn Edmonton. Yn dilyn cyngerdd yn neuadd Jiwbilî Gogledd Alberta ymlaen â ni mewn bysys i Calgary a chyngerdd arall yn neuadd Jiwbilî De Alberta.

'Nôl â ni wedyn am y Taleithiau Unedig a glanio yn Casper, Wyoming a pherfformio yno yn neuadd ysgol Natrona cyn bwrw ymlaen a hedfan eto i Chicago ac yna i Fort Wayne, Indiana a pherfformio yn neuadd y Scottish Rite. Doedd dim stop arnon ni!

Taith ar fysys wedyn am Sandusky, Ohio gan berfformio yn yr ysgol uwchradd yno. Oddi yno fe aethon ni am Efrog Newydd, ac yna am adre. Fe fu hi'n daith fythgofiadwy ond cyn gadael am Ganada ac America, mae'n rhaid cyfaddef fod gen i rai pryderon. Roedden ni wedi'n rhybuddio am rai peryglon: rhybuddiwyd ni rhag cario swm sylweddol o arian ac i ofalu cerdded o gwmpas mewn grwpiau o ddim llai na thri. Cynghorwyd ni, petai rhywun yn ceisio dwyn o'n pocedi, i beidio ag ymladd yn ôl a rhybuddiwyd ni hefyd i gadw'n glir o gyffiniau'r ganolfan fysys Greyhound yn San Francisco, o ardal Downtown Chicago lle'r

oedd problem gyffuriau, ac ardal Haight-Ashbury. Rhybuddiwyd
ni'n arbennig i fod yn ofalus yn Efrog Newydd gan gadw'n glir
o Central Manhattan, 42nd Street a Times Square, a Harlem yn
arbennig. Ond wedi'r ofnau chawson ni ddim trafferthion o
bwys.

Ar y daith fe fyddai Dai Jones a finne'n canu gwahanol
unawdau ac yn cyflwyno ambell ddeuawd hefyd. Yn San
Francisco yn ein cyngerdd agoriadol fe ganes i 'Di Provenza
il mar' o *La Traviata* gan Verdi ac fe ganodd Dai 'Una furtiva
lagrima' o *L'Elisir d'Amore* gan Donizetti yna ymuno i ganu 'In
the Depths of the Temple' gan Bizet. Yn Fort Wayne fe ganes i 'Di
Provenza il mar' unwaith eto a Dai'n perfformio 'Adelaide' gan
Beethoven. Fe fyddwn i hefyd yn ymuno weithiau gyda'r côr yn
y gân 'Cytgan y Pererinion' gan Joseph Parry. Rhyw amrywiaeth
fel hyn fyddai ein rhaglen, ac yn ogystal â darnau gan y côr
byddai Aeronwy Thomas yn cyflwyno cerddi gan ei thad, Dylan
Thomas, a Harvard Gregory hefyd yn adrodd rhai o ddarnau
Dylan.

Mae'n beth rhyfedd bod ambell ddigwyddiad, a hwnnw'n
ymddangos yn ddi-bwys ar y pryd, yn mynnu glynu yng nghof
rhywun. Yn New York State fe wnes i gyfarfod â gŵr yn ei
wythdegau, Robat Griffiths. Roedd e wedi ymfudo i America
gyda'i rieni yn dair oed. Dim ond unwaith y flwyddyn, ar
achlysur dathliadau Gŵyl Ddewi, y câi e sgwrsio'n Gymraeg.
Roedd e'n byw ar ransh anghysbell heb gyfle i weld fawr neb,
heb sôn am siaradwyr Cymraeg. Ond roedd ei Gymraeg e'n dal
yn berffaith. Roedd yna fenyw arall wedi gadael Aberystwyth ac
wedi bod yn alltud ers dim ond wyth mlynedd ac roedd honno'n
mynnu ei bod hi wedi colli ei Chymraeg yn llwyr. Rwy'n dal i
gofio am agweddau tra gwahanol y ddau alltud. Mae yna wers
fach fanna yn rhywle.

Mae yna hen ddihareb sy'n mynnu Mai 'Gorau Cymro, Cymro oddi cartref.' Wna' i ddim dweud fod hynny'n wir i gyd cofiwch, ond yn sicr, y dyn mwyaf hiraethus yw'r Cymro oddi cartref. Wrth i ni berfformio caneuon Cymraeg, ac wrth i ni sgwrsio â'r alltudion hyn o dras Gymreig, fe fyddai'r dagrau'n llifo'n aml. Flwyddyn cyn i fi fynd draw am y tro cyntaf roedd cân Tom Jones 'The Green, Green Grass of Home' wedi hitio'r siartiau ac wedi taro nodyn hiraethus iawn ymhlith y Cymry alltud yn arbennig. Hynny er gwaetha'r ffaith mai cân Americanaidd oedd hi. Ond Cymro oedd Tom, ac i'r alltudion a disgynyddion yr alltudion Cymreig, yng Nghymru roedd y borfa lasaf heb os. Rwy'n cofio'n dda pryd glywais i'r gân gyntaf. Ro'n i yn nhafarn y Northwestern yn Llanymddyfri a'r gân yn chwarae ar y jiwc-bocs. Yn cadw'r lle bryd hynny roedd Les a Trixie Walters. Roedd Trixie (Thomas, cyn iddi briodi) ei hun wedi bod yn gantores eisteddfodol amlwg iawn.

Yn dilyn y ddwy daith dramor fe ymddangosais i droeon gyda Chôr Pendyrus mewn cyngherddau ledled Cymru. Yn 1974 gwahoddwyd Dai Jones a finne i ymddangos gyda'r côr i ddathlu ei hanner canmlwyddiant. Rhaid dweud mai un o'r achlysuron tristaf i mi fu ymddangos gyda'r côr yn Neuadd y Gweithwyr Ferndale ym mis Tachwedd 1970 yng nghyngerdd coffa Arthur Duggan, sefydlydd a chyn-arweinydd y côr.

*

Fe ges i'r fraint o ymddangos gyda nifer o gorau dros y blynyddoedd. Yn 1969 ymddangosais gyda Chôr Meibion Cwmfelin, Llanelli yng Nghaerfyrddin ynghyd â Margaret Lewis Jones ac Angela Rogers Lewis. Yn Neuadd Cross Hands yr un flwyddyn fe wnes i ymddangos gyda Chôr y Mynydd Mawr a'r

Trwbadwriaid. Yn 1971 ro'n i'n canu gyda Chôr Dyfnant gydag Angela Rogers Lewis eto yn Llangennech. Yn 1976 bûm yn canu gyda Chôr Meibion Dyffryn Tywi a Nansi Richards, soprano ardderchog, yn Halesowen ger Birmingham ac yn ddiweddarach fe gefais ymddangos gyda Chantorion Pontarddulais yn Llangennech yn 2001. Yn 2005 yn Eglwys Gadeiriol Aberhonddu ro'n i fod i berfformio gyda Chôr Meibion Dowlais gyda David Price, Phillip Watkins a Flora York Skinner, ond yn anffodus fe fethodd y côr gyrraedd oherwydd y tywydd. Peidiwch â meddwl mai cof da sydd i'w gyfrif fy mod i'n medru rhestru'r holl ddigwyddiadau hyn. Na, y rheswm dwi'n medru eu dwyn i gof yw am fod y posteri a'r rhaglenni gen i o hyd. Rhoddodd y cyfnod hwn foddhad mawr i fi, oherwydd roeddwn i'n canu gyda chorau amrywiol. Y nodyn anffodus i'r cyfnod hapus hwn yn fy mywyd yw mai pobol mewn oed sy'n canu gyda'r corau hyn erbyn heddiw am nad ydyn nhw wedi llwyddo i ddenu gwaed newydd.

Ond o'r holl gorau, bu'r berthynas fwyaf clòs â Phendyrus. Mae fy nyled i'n fawr i Glynne Jones. Pan fydd rhywun amlwg yn marw yng Nghymru fe fyddan nhw'n cael teyrngedau haeddiannol. Chafodd Glynne ddim cydnabyddiaeth deilwng, a'r rheswm am hynny oedd y ffaith nad oedd e'n un o bobol y sefydliad. Ei ddyn ei hunan oedd Glynne ac yn rebel hefyd. Ond o ran gallu, doedd fawr neb yn dod yn agos ato, roedd e'n athrylith ac yn ecsentrig.

Roedd un peth yn gyffredin rhwng Glynne a Dai Jones: roedden nhw'n ofni cathod. Allan ar un o'r teithiau yng Nghanada cawsom ein gwahodd i gartref y Cambell Singers. Yn ystod swper fe neidiodd cath i'w gôl ac fe gafodd Glynne gymaint o fraw a sioc fel iddo fe roi plwc caled i'r lliain bwrdd. Y canlyniad fu i'r holl lestri oedd ar y bwrdd gael eu sgubo i'r llawr. Llanast!

Rhwng y ddwy daith fe ges i un o freintiau mwyaf fy mywyd. Yn 1969 yn Eisteddfod y Fflint ces i fy nerbyn yn aelod o'r Orsedd gan gael yr hawl i wisgo'r wisg werdd. Mae'r llythyr swyddogol yn fy ngwahodd gen i o hyd wedi ei arwyddo gan Gwyndaf, Tilsli a Cynan, y Cofiadur. A chyd-ddigwyddiad hyfryd oedd i fi gael fy nerbyn yr un pryd â Ted Morgan, a anrhydeddwyd â'r wisg wen. Fy enw gorseddol yw Aeronfab. Yna yn 1974 fe ges i'r fraint o ganu 'Cân y Cadeirio' ym Mhrifwyl Caerfyrddin pan enillwyd y gadair gan Moses Glyn Jones am ei awdl 'Y Dewin'.

Wedyn dyma lwyddiant arbennig iawn yn dod yn Eisteddfod Ryngwladol Llangollen. Ro'n i wedi ennill yr unawd Bariton yno yn 1966 a 1967 ond wedi cymryd blwyddyn bant yn llwyr o ganu yn 1970 er mwyn gorffwys y llais. Yna, ar ôl dod 'nôl i'r llwyfan yno yn 1971 fe enillais wobr Canwr y Flwyddyn, a dyna yw Rhuban Glas Llangollen.

Unwaith eto fe fu pethau bron iawn a mynd o chwith. Ro'n i'n swp sâl a thymheredd fy nghorff yn 102 gradd. Ar ben hynny roedd gen i haint oedd yn effeithio ar y gwddf. Cyn gadael Aberaeron galwais gyda'r fferyllydd, Gilmour Jones, i gael cyngor a moddion ac fe argymhellodd fy mod i'n prynu *Cooper's Catarrh Lozenges*. Roedden nhw'n felys iawn nes toddi'r siwgr oedd yn eu gorchuddio, ond o hynny ymlaen roedden nhw fel sugno cols coch o'r tân. Fe sugnais i gynnwys y tun cyfan rhwng Aberaeron a Llangollen.

Dewiswyd tri i ymddangos ar y llwyfan, y soprano Pamela Davies o Wrecsam a'r contralto Peggy Williams o Drimsaran a finne. Roedd Peggy a'i chwaer Anita yn gystadleuwyr peryglus iawn, ac roedd tipyn o siâp arnyn nhw. Cadeirydd y panel beirniaid oedd Syr Thomas Armstrong. Roedd e'n enw mawr ledled gwledydd Prydain, hwyrach y mwyaf yn ei faes o 1955

ymlaen. Yn cyfeilio roedd Christine Reynolds. Roedd hi a Ken
ei gŵr ar fin ymfudo i Dde Affrica ac yn wir roedden nhw wedi
trefnu i adael y bore wedyn. Maen nhw 'nôl bellach ac yn byw yn
Llanfarian. Y darn wnes i ganu oedd 'A Poet's Love' gan Brahms.

Yn Llangollen, pan fydd unawdydd ar fin canu mae'r golau
ar y gynulleidfa'n diffodd a'r unawdydd yn strem y llifoleuadau.
Wrth i Christine roi'r arwydd ei bod hi'n barod fe ddigwyddodd
rhywbeth rhyfedd i fi. Fe allwn i dyngu fy mod i ar gwmwl.
Roedd e'n deimlad arallfydol ac roedd y ddealltwriaeth rhwng
y gyfeilyddes a fi yn berffaith. Wrth i fi adael y llwyfan gyda
Christine fe gyfaddefodd hithau iddi gael yr un teimlad.

Wedyn dyma Syr Thomas Armstrong yn esgyn i'r llwyfan i
roi'r feirniadaeth, cawr main chwe throedfedd a hanner o daldra
oedd yn crymu ryw ychydig. Ac fe ddywedodd beth mawr, 'I ni,
aelodau'r panel,' meddai e, 'roedd y bachgen ifanc hwn ar blaned
wahanol.'

Roedd y perfformiad yna'n brofiad na theimlais i gynt nac
wedyn. Oeddwn, roeddwn i mewn man arall, y nefoedd.

Ac yna fe ges i wahoddiad i ganu yn yr Albert Hall mewn
cyngerdd Gŵyl Ddewi. Yno ro'n i yng nghwmni Rosalind Lloyd,
Llanbed. Yn ogystal â chanu ar ei phen ei hun gan ymddangos
ar raglenni fel *Disc a Dawn* ac *Opportunity Knocks* roedd hi
hefyd yn aelod o grŵp Y Perlau. Wedyn, wrth gwrs, fe briododd
â Myrddin o Hogia'r Wyddfa. Yno hefyd roedd Jennifer Evans o
Bontarddulais, enillydd ar yr alaw werin yn Llangollen ymhlith
llwyddiannau mawr eraill. Hefyd roedd fy hen gyfaill Dafydd
Edwards Bethania am fod yno, Dafydd yn un o gyd-deithwyr y
cylch cystadlu eisteddfodol. Yn rhan o'r noson hefyd roedd Cyril
Anthony, Ingrid Surgenor, Terry James ac Alun Williams yn
cyflwyno.

Cyngerdd oedd hwn i ddathlu hanner canmlwyddiant sefydlu

Urdd Gobaith Cymru. Yn yr Albert Hall un mlynedd ar hugain ynghynt fe gynhaliwyd Cyngerdd Gŵyl Ddewi Cenedlaethol cyntaf y mudiad. Yn ogystal â'r unawdwyr roedd yno aelwydydd, adrannau ac ysgolion yn cael eu cynrychioli yn ogystal â chorau, partïon grwpiau pop, grwpiau dawnsio gwerin a modern a chôr telynau.

Nid dyna'r unig dro i fi ymddangos ar lwyfan yr Albert Hall. Y flwyddyn flaenorol ro'n i a Dafydd Edwards ymhlith yr artistiaid yng Nghyngerdd Gŵyl Ddewi y Cymry yn Llundain yno.

*

Rhwng eisteddfodau a chyngherddau roedd fy nyddiadur i'n orlawn bellach. Mae yna wahaniaeth rhwng canu mewn eisteddfod a chanu mewn cyngerdd. Mewn cyngerdd roedd rhywun yn medru bod yn fwy mentrus, yn fwy arbrofol. Mewn eisteddfod, o reidrwydd, oherwydd gofynion y cystadlu, ro'n i'n teimlo'n fwy caeth i'r copi. Mae'n anodd dweud p'un oedd yn rhoi'r pleser mwyaf. Yn sicr, mewn eisteddfod os oedd pethau wedi mynd yn dda roedd e'n rhoi llawer iawn o foddhad. Ond fe gefais bleser mawr o'r ddau ddull o berfformio.

Rwy'n cofio ymddangos mewn un cyngerdd oedd yn garreg filltir, nid i fi ond i artist arall ar y rhaglen. Ym Mhontsenni oeddwn i, a hynny ar achlysur codi arian i'r sioe leol. Ar yr un rhaglen roedd Max Boyce, a hwn fyddai ymddangosiad olaf Max fel artist amatur. Mae Max yn un o'r bobol hynny sydd heb erioed anghofio'i wreiddiau, er ei fod yn seren fyd-enwog. Unwaith y daw Max yn ffrind i chi, fe fydd e'n ffrind am byth.

Wedi'r noson honno fe aeth blynyddoedd heibio cyn i fi gyfarfod ag e eto. Un noson ro'n i'n dod 'nôl ar y trên o gyfarfod yn Llundain a dyma fi'n mynd i'r bwffe am frechdan. Wrth i fi ddychwelyd i'm sedd dyma rywun oedd yn eistedd yno'n darllen papur yn fy nghyfarch i, 'Shwmai, boyo,' meddai e. Pwy oedd e ond Max. Wedi'r holl flynyddoedd roedd e'n dal i 'nghofio i.

Mae amrywiaeth y digwyddiadau y gwahoddwyd fi i fod yn rhan ohonyn nhw'n anhygoel. Ymhlith y cynharaf roedd noson o gerddi a cherddoriaeth ym mis Mawrth 1967 yn Aelwyd yr Urdd yn Aberystwyth. Roedd y digwyddiad yn rhan o Wythnos y Llyfrgell Genedlaethol a'r gŵr gwadd oedd y bardd R. S. Thomas. Gwahoddwyd pedwar enillydd cenedlaethol yn y Brifwyl i berfformio yno, sef Delyth Hopkins, Carol Jones, Berwyn Davies a finne. Uchafbwynt y noson oedd anerchiad a darlleniadau gan R. S. Thomas o'i waith ei hun.

*

Digwyddiad arall y bûm i'n rhan ohono oedd y gyfres o nosweithiau adloniadol a gynhelid gan yr Urdd yn Neuadd y Brenin Aberystwyth tua diwedd y chwedegau. Enw'r gyfres o gyngherddau oedd 'Welsh Serenade' a gynhelid dros fisoedd yr haf fel dull o ddiddanu ymwelwyr yn bennaf drwy gyfrwng y Gymraeg. Mae gen i gopi o raglen haf 1968 o hyd ac ymhlith yr artistiaid mae enwau Odette Jones, Y Perlau, Lona Evans, Meinir MacDonald, Nansi Hayes, Ieuan Rhisiart Davies, Huw Jones, Edward Morris Jones, a grwpiau o'r aelwyd ac ysgolion lleol. Roedd Dafydd Edwards a finne hefyd yn perfformio unawdau a deuawdau.

Roedd yna ddwy raglen wahanol ac ymhlith yr artistiaid ar gyfer yr ail raglen roedd Parti'r Garn, Delyth Hopkins, Richard a Glyn Jones, Richard Rowlands, Byron Howells a Huw Jones, Phillip Watkins, Elwyn Davies a'r Gemau. Roedd y mwyafrif ohonon ni'n rhan o'r cylch eisteddfodol arferol a fyddai'n cystadlu'n frwd yn erbyn ei gilydd.

Mae gen i fwndel o lythyron gwahoddiad i wahanol ddigwyddiadau ledled Cymru ar gyfer cyngherddau, nosweithiau llawen a chymanfaoedd canu. Roedd y gofynion yn rhai o'r llythyron braidd yn annisgwyl.

Mae gen i lythyr diddorol iawn a anfonwyd ataf i ac at Dai Jones yn ein gwahodd i ymddangos yn Neuadd Pontsenni mewn cyngerdd Gŵyl Ddewi yn 1972 i godi arian at y gymdeithas amaethyddol leol. Roedd y ffi a gynigiwyd yn ddigon anrhydeddus sef £15.75c. Ond am hynny roedd disgwyl i ni ganu chwech unawd yr un a chwe deuawd hefyd. Roedd awdur y llythyr am i ni ganu darnau fel 'Dafydd y Garreg Wen' ac 'O, na fyddai'n haf o hyd' ac wedi ein gwisgo mewn capiau stabal a sgarffiau ac yn cario ffon yr un. Ac mae'n ddiddorol iawn ystyried heddiw arwyddocâd un frawddeg yn arbennig: gofynnwyd i ni gan y llythyrwr i ganu dwy ran o dair o'n caneuon yn Gymraeg o ystyried, meddai, fod ardal Pontsenni a Defynog yn ardaloedd Cymraeg. Do, fe newidiodd pethau cryn dipyn mewn deugain mlynedd.

Chofia i ddim a wnaethon ni wisgo'r capiau a'r sgarffiau ai peidio. Ond rwy yn cofio mai Rhiannon Griffiths oedd yn cyfeilio. Roedd hi'n athrawes yn Llanidloes bryd hynny – dim rhyfedd fod y cof yn wael a finne'n gorfod dibynnu ar y rhaglen am y ffeithiau. Ar ddiwedd y cyngerdd gwahoddwyd Dai a fi adre i dŷ rhywun oedd yn ein nabod ac oedd hi'n dri o'r gloch y bore arnon ni'n gyrru'n simsan 'nôl drwy Lanymddyfri.

A dyna un o bleserau mawr eisteddfota neu deithio ar gyfer cyngherddau – cwrdd â hen ffrindiau heb sôn am wneud ffrindiau newydd. Un nos Sadwrn fe ddigwyddais i alw yn y Red Leion yn Llangadog ar fy ffordd adre o rywle. Pwy oedd yno

ond hen ffrind, John Brown Hill. Roedd John yn hen ffrind
i Nhad hefyd. Pan o'n ni'n byw yng Nghrug-y-bar fe fyddai
Nhad yn prynu gwair oddi wrtho. Fferm oedd Brown Hill
rhwng Llangadog a Llanwrda. Fe adnabyddodd John fi pan
gerddais i mewn ac fe wahoddodd fi a'm ffrindiau i fynd adre
gydag e wedi i'r dafarn gau. John, gyda llaw, oedd y cyntaf yng
Nghymru i brynu Jaguar E Type, a hynny oddi wrth Moorwell
Motors yn Abertawe. Beth bynnag, allan â'r botel wisgi.
Fyddwn i byth yn cyffwrdd â wisgi fel arfer, felly, roedd angen
rhywbeth ar ei ben. Dyma John yn agor drws cwpwrdd ger y
lle tân. Ac yno'n rhes roedd tua dwsin o boteli o Hactos Cough
Mixture. Os nad ydych chi erioed wedi yfed wisgi a Hactos ar
ei ben, wel cymerwch gyngor gen i, peidiwch. Dyna i chi stwff
ofnadwy. Roedd John yn byw gyda'i fam a rhaid bod yr hen
wraig wedi dihuno oherwydd y sŵn. Dyma hi'n cnocio. Yna
tawelwch am sbel ac yna ninnau'n codi'n lleisiau eto. Cnocio
eto. Chafodd yr hen wraig – na ninnau – fawr o gwsg y noson
honno.

Mae 'na stori dda am John yn galw yn y Wellington yn
Aberhonddu ar ei ffordd adre o Lundain lle'r oedd e wedi
bod yn delio mewn hen greiriau. Yn y bar roedd rhywun yn
chwarae'r piano yn y dull honci-tonc. Fe gwynodd John fod y
piano mas o diwn. Draw ag e ac agor clawr yr offeryn ac arllwys
ei beint i mewn i'w grombil. Fe ffyrnigodd y tafarnwr ac fe
fynnodd fod John yn talu am y piano. Doedd yr offeryn ddim
gwerth mwy na degpunt. Ond fe ofynnodd y tafarnwr am ddau
gan punt. Ac fe arwyddodd John siec am ddau gan punt yn y
fan a'r lle. Roedd tipyn o steil i'r dyn.

Ar ôl cryn lwyddiant ar lwyfan ac ar y radio a'r teledu fe
ddaeth cyfle i fi wneud record, a Dennis Rees o Recordiau'r
Dryw fu'n gyfrifol am y cyfle. Fe ryddhawyd y record ym mis

Hydref 1968 ac ar y diwrnod olaf o'r mis hwnnw ymddangosodd yn rhif wyth Deg Ucha'r *Cymro*. Fe aeth i fyny i rif saith yr wythnos wedyn.

Yn stiwdio'r BBC yn Heol Alecsandra yn Abertawe y gwnaed y recordiad a'r hen gyfaill Ted Morgan oedd yn cyfeilio. Proses ddigon syml oedd hi, doedden ni ddim mewn stafelloedd ar wahân, fel mae pethau heddiw. Na, ro'n i'n sefyll a'r meic o fy mlaen wrth ymyl Ted a'r piano, yn union fel petawn i ar lwyfan. Roedd y peiriannydd mewn stafell arall y tu ôl i ffenest enfawr a dim ond tua dwy awr fuon ni wrthi'n recordio'r pedair cân.

Mae'n reit ddiddorol nodi cynnwys rhestr y Deg Uchaf ar y pryd. Roedd cryn ddiddordeb yn y rhestr wrth iddi ymddangos yn wythnosol yn *Y Cymro*. Roedd y gystadleuaeth yn anhygoel a'r pwyslais ar ganu pop yn hytrach na'r traddodiadol erbyn hynny. 'Un, Dau, Tri' Tony ac Aloma oedd ar y brig gyda 'Mae Pob Awr' gyda Mary Hopkin yn ail. Yna daeth 'Cân y Medd' Dafydd Iwan, 'Rhywbeth Syml' Mary Hopkin ac Edward a 'Cymru'n Canu Pop' Huw Jones. Yn rhif chwech roedd 'Caru Cymru' Hogia'r Wyddfa ac 'Eiliad i Wybod' Y Pelydrau yn dilyn. Yna, yn dilyn fy record i, 'Bwthyn Bach To Gwellt' ddaeth 'Elen' gan Hogia Llandygái a 'Lawr ar Lan y Môr' gan Y Pelydrau.

Mae'r rhestr yn adlewyrchu diddordeb anferth y cyfnod mewn canu pop neu ganu poblogaidd. Ond mae'n siŵr fod llwyddiant Elwyn Jones, Llanbedrog, cyn hynny gyda record o hen ffefrynnau wedi sbarduno Recordiau'r Dryw i fentro gyda bariton arall. Fel y nodwyd yn *Y Cymro* ar y pryd, hen ffefrynnau eisteddfodol oedd cynnwys fy record innau, sef y gân deitl, 'Bwthyn Bach To Gwellt' a'r 'Arad Goch' ar un ochr a 'Y Crwydryn' a 'Cymru', clasur R. S. Hughes a W. J. Parry ar yr ochr arall.

Y tâl ges i am wneud y record oedd £18.3.6, ond yr anrhydedd

o gael recordio albwm oedd y peth mawr. O fewn y flwyddyn
gyntaf fe werthwyd 1,050 o gopïau ac fe gefais dros wythbunt o
freindal, arian da bryd hynny.

Bu'r llwyddiant yn gymaint nes i Dennis Rees fynnu cael ail
record, ac unwaith eto fe ddringodd hon i ganol y deg uchaf er
gwaetha'r gystadleuaeth o blith y recordiau pop. Y caneuon ar yr
ail ddisg oedd 'Pantyfedwen', 'Pen yr Yrfa', 'Wel Dyma Hyfryd
Fan' a 'Gwlad y Delyn'.

Mae'r canu bellach, o'm rhan i, drosodd i bob pwrpas. Un o'r
pethau olaf wnes i ar lwyfan oedd bod yn rhan o barti lleol. Fe
drefnwyd cyngerdd Gŵyl Ddewi ym Mwlch-llan ac fe ofynnwyd
i fi fod yn rhan o bedwarawd. Yr aelodau eraill oedd Bronwen
Morgan, Prif Weithredwr Ceredigion yn cyfeilio a'i gŵr Huw,
Bethan Evans, Mair Griffiths a finne'n canu. Bedyddiodd
Bronwen y parti bach yn Ffrindiau.

Fe gawson ni lawer iawn o hwyl ac fe benderfynon ni fynd i
berfformio yma ac acw yn lleol. Ond dyna oedd y perfformiadau
llwyfan olaf i mi eu gwneud. Mae'r 'C' bwysig gyntaf yn fy
mywyd felly wedi dod i ben, ar wahân i'r diddordeb mawr sydd
gen i o hyd mewn gwrando ar ganu, a hel atgofion am y dyddiau
da wrth gwrs. Ac roedd yna lawer iawn o'r rheiny.

Y perfformiadau cyhoeddus olaf oll i mi eu gwneud, er mai
mewn stiwdio y digwyddon nhw, oedd recordio fy albwm ar
ffurf cryno ddisg. Erbyn recordio hon, fy nhrydedd record,
a gyhoeddwyd yn 2004 roedd y llais wedi gostwng fwyfwy o
fariton i faswr.

Myfanwy wnaeth fy mherswadio i recordio'r gryno ddisg
hon fel y byddai rhywbeth ar gof a chadw o gyfnod olaf fy ngyrfa
gerddorol. Cwmni Fflach yn Aberteifi fu'n gyfrifol am recordio
hon gydag Eirian Owen yn cyfeilio. Ac unwaith eto fe wnaethon
ni'r cyfan mewn dwy awr. Yr unig wahaniaeth rhwng y tro hwn

a'r ddau dro cynt oedd bod nodau'r piano'n dod drwy'r caniau oedd dros fy nghlustiau.

Hen ffefrynnau wnes i ddewis yma eto. Pam lai? Dyna beth sy'n dal yn boblogaidd gyda phobol. Beth yw'r pwrpas mewn mendio rhywbeth sydd heb dorri? Y naw cân yw 'Mae D'eisiau Di Bob Awr', 'Pwy Fydd Yma ym Mhen Can Mlynedd?', 'Mi Glywaf Dyner Lais', 'God Keep You is My Prayer', 'Were You There?', 'If I Can Help Somebody', 'Mary's Boy Child', 'I'll Walk Beside You' a 'Dafydd y Garreg Wen'. A dyma'r peth olaf, i bob pwrpas, i fi ei wneud o ran canu ar gyfer y cyhoedd.

Ar y clawr mae llun ohona i gydag un o'r cobiau. Felly, ar glawr y record mae'r canu a'r cobiau wedi uno.

CEIR

Fe ddysgais lawer gan Nhad dros y blynyddoedd a llawer o hwnnw'n ymwneud â byd y cobiau ac â busnes o ran y ceir. Roedd Nhad wedi profi ei hun yn y ddau faes yn ddi-os ac fe fydden i'n ffŵl i beidio â gwrando ar ei gynghorion, oni fydden? Un o'r gwersi mwyaf pwysig a ddysgodd ef i mi oedd mai ond un cyfle ddyle dyn roi i rywun. Pe bai unrhyw un yn gwneud tro gwael â chi, yna ddylech chi ddim gadael eich hun yn agored i'r un math o ymddygiad eto, y dylsech ddysgu oddi wrth eich camgymeriadau nid eu hailadrodd nhw. Os yw rhywun wedi gwneud rhywbeth gwael yn eich erbyn chi unwaith, fe fyddan nhw'n siŵr o wneud hynny eto. 'One strike and you're out!' yw hi gyda fi mewn bywyd. A rhaid i fi ddweud, mae'r cyngor hwn gan Nhad wedi talu ar ei ganfed dros y blynddoedd. Dydw i ddim yn dweud bod gweithredu fel hyn yn hawdd, ond y mae'n un rheol hollol gadarn sydd wedi aros gyda fi drwy 'mywyd i. A dydw i ddim yn difaru dim chwaith, waeth mae bywyd yn rhy fyr.

Fe brynodd Nhad siop gwerthu nwyddau o bob math, nwyddau caled a phethau amrywiol i'r tŷ gan gynnwys peiriannau fferm, offer a hoelion, sef Compton House.

Roedden ni eisoes wedi ymsefydlu yn Siop Compton yn Aberaeron yn 1963 pan brynodd Nhad Aeron Garage ger Gwesty'r Feathers yn 1964 am £10,400 a newid yr enw i Lloyd Motors. Ar ôl gadael Ysgol Ramadeg Llandeilo ro'n i wedi mynd ymlaen i ddilyn addysg bellach yn Gelli Aur a Phibwr-lwyd a chael fy nhystysgrifau. Ac fe adewais i fod yn brentis yn y siop.

Ar y dechrau fe fyddwn i'n teithio llawer rhwng Aberaeron a Derwen Fawr, lle'r oedd y teulu'n dal i fyw. Roedd gen i lety gydag Wncwl Henry ac Anti Mari, cyn-berchnogion y Feathers. Pan fyddwn i'n gyrru adre fe fyddai Anti Kitty, a fyddai'n rhoi help llaw, yn aml yn cael lifft gyda fi 'nôl i'w chartref yn Falrona, Felin-fach. Ro'n i'n yrrwr digon gwyllt yn ifanc, ac un dydd, ger Pont Creuddyn, fe hitiais i dwll yn y ffordd. Fe gododd y fan i'r awyr ac fe gododd Anti Kitty hefyd. Fe wasgwyd ei het yn erbyn y to, ond chefais i ddim cerydd. Yn hytrach dyma hi'n dweud, 'Ifor bach, on'd yw ffyrdd sir Aberteifi'n wael!'

Sied dun oedd y garej a'r pris yn cynnwys gwerth un car oedd ar ôl yno, un gyda'r rhif cofrestru AC 1 sef rhif o Coventry. Erbyn heddiw fe fyddai'r rhif yn werth ffortiwn. Ond, heb i Nhad wybod am y peth, fe werthodd y cyn-berchennog y car o dan ei drwyn.

Ro'n i wedi bod ar gyrsiau amaethyddol yn Gelli Aur am ddwy flynedd a chyrsiau mecanyddol ym Mhibwr-lwyd. Roedd hyn i gyd cyn bod sôn am fynd i fyd y ceir. Ond nawr dyma'r gwersi hynny yn dechrau talu ar eu canfed. Roedd angen y cymwysterau angenrheidiol cyn medru cynnal profion MOT, er enghraifft.

Erbyn i Nhad brynu'r garej ro'n i wedi pasio fy mhrawf gyrru. Ar ôl blynyddoedd ar y fferm ro'n i wedi dod yn hen gyfarwydd â gyrru pob math o gerbydau. Felly, wrth i fi ddynesu at fy nwy ar bymtheg ro'n i'n ysu am gael sefyll fy mhrawf gyrru. Fe anfonais am ffurflen gais mewn pryd i fi sefyll y prawf cyn gynted ag y gwawriodd fy mhen-blwydd yn ddwy ar bymtheg yn 1961. Pennwyd dyddiad y prawf ar gyfer ychydig ddyddiau wedi hynny.

Roedd cymdoges i ni yn Nerwen Fawr, sef Esme, wedi pasio'i phrawf ychydig wythnosau'n gynharach, a hynny ar ei chynnig cyntaf. Wel, meddwn i wrth fy hunan, os oedd Esme wedi pasio ar ei chynnig cyntaf, dim ond mater o droi lan fyddai'r prawf i fi. Fedrwn i ddim â methu.

Fe deithiodd Nhad gyda fi i Lanbed ar ddiwrnod y prawf gyda chyngor i fi gymryd pwyll a meddwl! Fe gynigiodd aros o gwmpas i gadw golwg ar bethau ond na, ro'n i am wneud hyn fy hunan. Fe fedra i weld y dyn prawf o flaen fy llygaid nawr, het trilby ar ei ben a mwstásh yn cosi blaen ei drwyn. Fe lenwais y ffurflen yn y swyddfa, a bant â ni o gwmpas Llanbed.

Roedd cyfaill i fi, un a oedd eisoes wedi mynd drwy'r profiad, wedi fy rhybuddio y byddai'r arholwr yn galw am yr 'emergency stop' yn New Street, ac i fi fod yn barod am hynny. Fe fyddai'r arholwr yn edrych dros ei ysgwydd ac yn taro'i law yn sydyn ar y dashbord a gweiddi 'Stop!' yn sydyn.

Wrth i ni droi am New Street ro'n i'n wyliadwrus ac yn barod am y waedd. Drwy gornel fy llygad gwelais y arholwr yn edrych o gwmpas yn slei gan godi ei law. Ond cyn iddo fedru gweiddi'r gair 'Stop!' a hitio'r dashbord, fe hitiais i'r brêc … yn galed. Doedd yna ddim gwregysau diogelwch yn y dyddiau hynny, wrth gwrs, ac fe fu bron iawn i'r arholwr gael ei daflu allan drwy'r sgrin wynt. Oeddwn, roeddwn i wedi anghofio cyngor Nhad i bwyllo a meddwl!

'Nôl â ni i'r ganolfan brawf, a Nhad erbyn hyn yn cyrraedd tua'r un pryd. Fe syllodd yr arholwr a Nhad ar ei gilydd mewn syndod. Ro'n nhw'n hen gyfeillion, yn hen ffrindiau ysgol ond heb weld ei gilydd ers tua deg mlynedd ar hugain.

'Roscoe!' meddai'r arholwr. 'Dy fab di yw hwn?'

'Ie,' meddai Nhad. 'Gobeithio dy fod ti wedi ei basio fe.'

'Yn anffodus,' atebodd yr arholwr, 'rwy eisoes wedi llenwi'r ffurflen. Fe dorrodd e fwy nag un rheol. Fe aeth e'n rhy gyflym drwy Gwm-ann, fe wnaeth gamgymeriad unwaith wrth droi ac wedyn fe fu bron iddo fy lladd i ar yr *emergency stop*.'

Do, fe dorrwyd fy nghrib. Ond fe ddysgais i wers bryd hynny. Ddylwn i ddim cymryd unrhyw beth yn ganiataol. Roedd yna wers arall ynghlwm wrthi hefyd: roedd Nhad yn gwybod mwy na fi, ac wrth edrych yn ôl, hwyrach i'r methiant cynnar hwnnw wneud mwy o les nag o ddrwg i fi.

Cofiwch, ddysgais i ddim peidio â gwneud pethau gwirion yn llwyr chwaith. Ar fy ffordd adre o'r garej fe fyddwn i weithiau'n galw am beint gyda Mr a Mrs Davies yn y Royal Oak. Roedden nhw'n dad-cu a mam-gu i Heather, sy'n rhedeg tŷ bwyta'r Celtic yn Aberaeron. Y tu ôl i'r dafarn roedd hen stablau gwag bryd hynny ond doedd dim ceffylau wedi bod ynddyn nhw ers blynyddoedd maith.

Un noson fe wnaethon ni, uwchben peint, drafod y posibilrwydd o fynd ati i dyfu madarch yno. Arallgyfeirio, hynny yw, dyma oedd gair mawr y cyfnod. Roedd yr hen stablau tywyll, gyda llawer o ddom a phridd yn dal yno, yn adeiladau delfrydol ar gyfer y fath fenter. Ac fe es ati i archebu had madarch. Dyma Mr Davies a fi wedyn yn mynd ati i hau'r had. Er hir ddisgwyl, thyfodd dim byd. Dim gymaint ag un fadarchen.

Yn nes ymlaen fe benderfynodd Mr Davies glirio'r hen stablau ar gyfer ehangu'r dafarn. Fe ddaeth ffermwr lleol draw o ymyl Ffos-y-ffin i wneud y gwaith. Fe gliriodd yr hen ddom a phridd a'u taflu ar domen ei fferm, ac ymhen wythnosau fe gafodd filoedd ar filoedd o fadarch ar y domen. Ie, gwers fach arall.

*

Fe gychwynais i yn y garej gyda dim ond Gwilym y mecanic, Dai Bach y prentis, Anti Olive oedd yn cadw cownts, a fi. Ac mae'n rhaid cyfeirio at un aelod staff yn arbennig – fe fu Delyth Lloyd, Adsol-wen, yn ysgrifenyddes i ni am ddeng mlynedd heb iddi

Mam a Nhad a fi ar bwys y car, Austin Somerset ar ein gwyliau ger y Bala.

'Nôl yng nghyfnod Gelli Aur.

Austin 7 yn Gelli Aur, roedd yn eiddo i 'Diesel Jo', darlithydd peirianneg yn y coleg.

Y *showroom* yn Lloyd Motors, Aberaeron.

Y garej gyda Lloyd Motors.

The British Motor Corporation Limited

Longbridge
PO Box No 41
Birmingham

Home Sales division

telephone : STD 021–475 2101
telex : 33491
telegrams : Speedily Birmingham **Telex**

your ref
our ref AAJ/SL

I. Lloyd, Esq.,
Lloyd Motors,
Aeron Garage,
Aberayron.

8th
October,
1968

Dear Ifor,

     In anticipation of your return from your tour,
Mr. R.C. Woolley, B.M.C. Sales Manager, has asked me to write on
his behalf and congratulate you upon your success at the Royal
National Eisteddfod at Barry and, its attendant tribute in the
invitation extended to sing in the United States and Canada with the
Pendyrus Male Voice Choir.

     As a much travelled man, Mr. Woolley has experienced
the thrill of many trips abroad, but unfortunately for him, he
never enjoyed the acclaim which was no doubt accorded to you.

     We trust that you had a fabulous trip and have brought
back many happy memories.

     Best wishes for your continued success.

     Yours sincerely,

A. A. Jackson

A.A. Jackson
Asst. Regional Sales Manager
Cars   –   Zone 4

Llythyr oddi wrth y Gorfforaeth Geir Brydeinig yn fy llongyfarch i am ennill yn yr Eisteddfod
Genedlaethol yn y Barri ac yn dymuno rhwydd hynt i fi ar y daith yn America a Chanada.

Cinio Nadolig staff Lloyd Motors ym Mhlas Gwyn, Llan-non

Stondin Volvo gyda Lloyd Motors yn Sioe Hwlffordd yn y saithdegau, roedd yn rhaid cael tipyn o steil wrth fod yn rhan o ddigwyddiadau cyhoeddus fel hyn.

Myfanwy a fi ar ddiwrnod ein priodas yn Llanymddyfri, 18 Mai 1974, fe welwch mai Volvo oedd yn ein cludo, wel allai e ddim bod yn unrhyw gerbyd arall.

Ein diwrnod priodas ni yn 1974.

Myfanwy a'i het yn matsio lliw'r Volvo yn 1974.

MAIN VOLVO DEALER

LLOYD MOTORS

ABERAERON
CARDS

Land Rover

22 7/1985

M

Ref. 32636635	Sold by	Dept.
Petrol	5-00	
Paid		
RECD BY	£	5-00

PARAGON REGISTER-LAMSON PARAGON 221/1

FREE GIFT
TIGER TOKEN

Tiger Tokens and Esso Collection gifts are only available at participating Esso Service Stations.

*For full details and terms and conditions of the Esso Collection see colour leaflet obtainable from participating Esso Service Stations.

ESSO PETROLEUM COMPANY, LTD

The Esso Collection

With the compliments

of

Lloyd Motors

ABERAERON
DYFED
SA46 OAQ
Tel/Ffôn: (0545) 570312

Gyda chyfarchion
oddiwrth

Ford

VOLVO

Cash Discount Card

312 **Lloyd Motors** 312
ABERAERON

The bearer of this card is entitled to preferential terms on tyres and car batteries for cash settlement.

Bearer's Signature _____

VOLVO
OWNERS CARD

Dangos fy niléit mewn ceir ar y lôn Rufeinig ger Capel Curig. Wrthi'n ffilmio *Cefn Gwlad* oeddem ni, yn y llun mae Owen Wyn Evans, perchennog yr Austin, yng nghwmni cyfaill iddo.

Volvo arall a Dyfed yn grwt, yr un rhif sydd gyda fi hyd heddi ar fy nghar – A IFOR.

Dai a Mansel Edwards, Pennant – y garej yw canolbwynt y pentre bellach.

golli gymaint ag un diwrnod erioed. Ac wrth edrych yn ôl, fe fedra i ddweud i fi gael y staff gorau dan haul. Roedd ganddon ni nifer o ffrindiau da hefyd fyddai'n barod i roi help llaw ar fyr rybudd, yn enwedig i nôl ceir fyddai wedi torri lawr, pobol fel Eric Harris, Harry Davies a Huw Thomas.

Dim ond pedair ar bymtheg oed o'n i'n cychwyn yn y garej a'r gwaith cynta ges i oedd gwerthu teiers a batris. Ac ar y dechrau, fe ddysgais wers oes. Ie, un arall, ac fe lwyddais, am unwaith, i beidio ag anghofio hon. Un dydd fe alwodd dyn dieithr mewn fan Bedford, a'r fan wen honno heb lawer o lewyrch iddi. Roedd y gyrrwr yn edrych yn debycach i dincer nag i ŵr busnes, mwffler o gwmpas ei wddw ac yntau heb siafio ers dyddiau. Ei neges, yn syml, oedd fod arno angen teiers 550 x 12. Fe ofynnodd am bris ac fe gynigiais bedwar iddo am un bunt ar bymtheg.

Cytunwyd ar y pris am y teiers a'r gwaith o newid y teiers ac fe adawodd tra'u bod nhw'n cael eu gosod. Ro'n i braidd yn amheus ac fe soniais am fy amheuon wrth Gwilym. Beth petai e'n dod 'nôl, y teiers newydd wedi eu gosod a'r dyn dieithr yn anfodlon talu'r pris llawn wedyn? Wedi'r cyfan, doedd e ddim yn ymddangos fel rhywun ariannog iawn.

Fe ddychwelodd ac fe archwiliodd yr olwynion. Fe ofynnodd am i fi ei atgoffa o'r pris. Fe ysgydwodd ei ben a dweud ei fod e'n bris uchel am bedwar teier. Finne'n meddwl, dyma ni, yn union fel yr amheuais i, dyn heb ddwy geiniog i'w enw. Ond fe aeth i'w boced a thynnu allan fwndel o arian papur. Roedd ganddo, rwy'n siŵr, ddwy fil o bunnau yn ei law. Yn nes ymlaen wnes i ddarganfod mai rhyw Mr Evans oedd e, dyn sgrap oedd yn byw rhwng Llannarth a Cheinewydd. Ef, mae'n debyg, oedd un o'r dynion busnes cyfoethocaf yn sir Aberteifi. Y diwrnod hwnnw fe ddysgais i ystyr yr hen ddihareb honno sy'n cynnwys y geiriau 'pig' a 'chyffylog'.

Fe fyddai ffrind i ni o ardal Pumsaint, Edwina Evans – sef chwaer i Esme, honno lwyddodd ar ei chynnig cyntaf i basio'i phrawf gyrru – yn dod draw i'n helpu ni yn ystod ei gwyliau o'r coleg. Un dydd fe dynnodd rhyw fenyw lan wrth y pympiau a gofyn i Edwina lenwi'r tanc. Wedi i Edwina bwmpio peint neu ddau i mewn, fe sylweddolodd fod y tanc yn llawn. Yn wir, roedd y petrol yn llifo allan dros y top. Fe ddywedodd wrth y fenyw fod ei thanc hi eisoes yn llawn a honno wedyn yn mynnu fod rhywbeth o'i le gan fod y nodwydd oedd yn dangos faint o betrol oedd yn y tanc lawr i'r gwaelod. Hillman Imp oedd gyda'r fenyw ac mae'r injan yng nghefn y car. Doedd hi ddim wedi sylweddoli hynny ac roedd Edwina wedi bod yn pwmpio'r petrol i mewn i'r tanc dŵr.

Ddiwedd y chwedegau, un o'r ymgyrchoedd mwyaf poblogaidd oedd hwnnw gan Esso, a froliai fod defnyddio'r tanwydd hwn yn rhoi teigr yn eich tanc. Fe fyddai'r hysbysebion i'w gweld yn rheolaidd ar y teledu, gyda chymeriad cartŵn, Tony the Tiger, ac fe gâi cwsmeriaid fodelau bach o gynffonnau teigrod i'w hongian uwchlaw'r sgrin wynt neu o erial y radio. Fel rhan o un ymgyrch fe enillodd un o'n cwsmeriaid £750 – roedd hynny'n arian mawr bryd hynny. Yn America yn 1959 y dechreuodd yr ymgyrch ac erbyn 1964 roedd hi yn ei hanterth yma yng ngwledydd Prydain.

Yn ddyddiol, bron, fe fyddai cynrychiolwyr o wahanol gwmnïau'n galw i geisio gwerthu cynnyrch eu cwmnïau. Fyddwn i byth yn cyfarch y cynrychiolwyr wrth eu henwau go iawn. Fyddai cyfenwau byth yn cael eu defnyddio, yn hytrach fe fyddwn i'n defnyddio enwau'r cwmnïau. Un ohonyn nhw oedd Alun Exide, cynrychiolydd y cwmni batris o'r un enw, ac fel rhan o un ymgyrch gyda chwmni Exide fe ddes i'n ail drwy Brydain fel y gwerthwr gorau. Yn wobr fe ges i gamera *cine*, taflunydd a

sgrin. Tawn i wedi gwerthu ychydig yn fwy o fatris fe fyddwn i
wedi ennill y wobr gyntaf, sef cwch cyflym a fyddai'n ddelfrydol
yn Aberaeron. Enwau rhai o'r trafaelwyr eraill oedd Dai
Michelin a Cyril Goodyear.

Hobi Cyril oedd casglu hen lampau oedd i'w gweld ar
drapiau ponis, ac un diwrnod ar ffenm yn y Ferwig fe welodd
hen drap a dwy lamp bres mewn cyflwr da arno yn cuddio o dan
lwyth o goed yn y cartws. Fe lwyddodd i berswadio'r ffermwr
i'w gwerthu iddo. Fe ganiataodd Cyril y teiers am yr is-bris
arferol a gynigiai'r cwmni ac fe blesiwyd y ffermwr gymaint nes
iddo roi'r lampau i Cyril am ddim. Y noson honno fe adroddodd
y stori yn y dafarn ym Mhont-iets ac fe awgrymodd cyfaill iddo
y dylai fynd yn ôl a phrynu'r trap hefyd. Draw yr aeth Cyril
drannoeth ac yno'r oedd y trap yn llosgi ar ben y domen. Doedd
y ffermwr ddim yn credu fod y cerbyd heb y lampau yn werth
unrhyw beth.

Roedd gan y trafaelwyr fwy o steil bryd hynny. Anfonodd
Nhad fi i weithio yn Siop Compton House er mwyn i fi ddysgu'r
grefft o redeg busnes, a phan ddechreuais yn Siop Compton
House yn llanc ifanc fe fyddai dau drafaelwr, un yn cynrychioli
paent Blackfriars a'r llall General Accident, bob amser yn gwisgo
hetiau bowler wrth alw. Erbyn heddiw fe fydden i'n lwcus i weld
trafaelwr o gwbl.

Er mai gwerthu teiers a batris oedd fy mhrif waith yn
gynnar, fe gawn fy ngalw allan nawr ac yn y man i dendio
gyrwyr fyddai wedi torri lawr ac i lusgo'u ceir i'r garej,
oherwydd roedd ganddon ni gytundeb â'r AA. Un dydd fe
ddaeth galwad i dendio gyrrwr Rolls Royce oedd wedi torri lawr
yn Llannarth. Car Grŵp Thompson oedd e, Grŵp Thompson
oedd y perchnogion papurau newydd, papurau oedd yn
cynnwys *The Times*, a'r *Western Mail* hefyd, wrth gwrs.

Fe aeth Gwilym y mecanic a finne allan. Doedd fawr ddim byd yn bod ar y car, dim ond weiren wedi dod yn rhydd o'r coil. Roedd y car yn hen fersiwn o Rolls gyda'r gyrrwr wedi ei gau i mewn oddi wrth weddill y modur. 'Nôl â ni o Lannarth, fi'n gyrru a Gwilym yn y cefn a phobol ar hyd y ffordd yn rhoi saliwt barchus i ni.

Yn ogystal â'r AA roedd ganddon ni gytundeb hefyd â'r RAC a chynrychiolydd lleol y cwmni oedd dyn o'r enw Jac Rees. Roedd llond cefn fan yr RAC o sgidiau, oherwydd yn ei amser hamdden roedd Jac yn trwsio sgidiau ac yn eu casglu a'u cyflenwi wedyn yn fan y cwmni. Adeg eira mawr 1963 oedd hi a Jac wedi mynd yn sownd mewn lluwchfeydd eira yn Synod Inn. Fe ffoniodd ni a gofyn a wnawn ni ei lusgo'n ôl i Aberaeron. Draw â fi yn y Land Rover, ac roedd yr eira mor drwchus a'r daith yn anodd, doeddwn i bron ddim yn gallu ei weld. Ond wedi cyrraedd fe gysylltais i'r fan wrth gefn y Land Rover a Jac yn dal i eistedd yn y fan. Pan gyrhaeddon ni adre roedd wyneb Jac cyn wynned â'r eira oedd yn chwyrlïo o'i gwmpas. Pam? Wel, yng nghanol y lluwchfeydd fe drodd y fan o gwmpas yn llwyr. Felly, ar y daith yn ôl roeddwn i'n llusgo Jac wysg ei din. Ro'n i'n gyrru yn fy mlaen a'm golygon tuag at Aberaeron tra oedd Jac yn edrych 'nôl am Synod Inn a dim syniad o ble roedd e'n mynd.

Fe fyddwn i'n cael cymorth y Sarjiant Ken Morgan weithiau, ac adeg yr eira mawr hwnnw yn 1963 fe fyddai'n teithio gyda fi yn y Land Rover i gyfeiriad Llan-non i ryddhau modurwyr fyddai wedi eu dal yn yr eira. Ar ôl achub sawl gyrrwr dyma ystyried troi am adref. Ond roedd gan Ken ryw hen deimlad y gallai fod yna rywun ar ôl. Ymlaen â ni felly, ac roedd e'n iawn, oherwydd yno o'r golwg o dan yr eira roedd car a'i yrrwr yn dal ynddo. Oni bai amdanon ni fe fyddai wedi marw cyn y bore.

Byddai pob math o bobol yn galw yn y garej, a finne'n dysgu rhywbeth newydd bob dydd, roedd yn gyfnod diddorol dros ben. Un dydd fe alwodd dyn dieithr yn gofyn am betrol i'w gwch. Fe ofynnais iddo fe ble oedd ei dun. 'Na, na, chi ddim yn deall,' meddai e, 'rwy am bedwar can galwyn.'

Nawr dim ond pum can galwyn oedd tanc y garej yn ei ddal i gyd. A'r cwestiwn cyntaf gododd yn fy meddwl oedd sut fydden i'n cludo cymaint o betrol i'r harbwr? Rhyw Mr Macedo oedd y dyn ac roedd ganddo fe ffatri yn Wolverhampton. Ro'n i'n byw gartre gyda Nhad a Mam bryd hynny, a phan ddes i adre i ginio fe ddywedais wrth Richard, y gwas hynaf, am y broblem – Almaenwr oedd Richard a arhosodd yng Nghymru wedi'r rhyfel. Fe gafodd yntau'r syniad o osod tanc oedd ganddon ni ar y fferm ar ben lori cludo peiriannau fferm ar gyfer Siop Compton. Fel hynny y trosglwyddon ni'r pedwar can galwyn o danc y garej i'r tanc ar y lori.

Roedd y cwch wedi'i angori ger gwesty'r Harbwrfeistr. Yna fe ddefnyddiwyd piben hir i drosglwyddo'r petrol o'r tanc oedd ar y lori i danc y cwch. Yn dilyn ein llwyddiant gyda'r petrol fe fu Mr Macedo yn prynu pedwar can galwyn gyda ni wedyn bob pythefnos yn hwylio'n rheolaidd rhwng Aberaeron a Phwllheli.

Un arall oedd â chwch yn yr harbwr – un tŵ-strôc – oedd Byron Lloyd, deintydd ysgolion Ceredigion. I blant ysgolion sir Aberteifi, ei lysenw oedd 'Y Bwtsiwr'. Roedd yntau'n prynu stoc o betrol sbâr rhag ofn iddo redeg allan rywbryd. Ond llond llestr bach fyddai e'n ei brynu ar y tro o'i gymharu â Mr Macedo.

'Chi'n gweld, Ifor,' meddai Byron, 'mae'n rhaid bod yn garcus. Dw i ddim ishe rhedeg mas o betrol. Does dim llawer o garejys i'w cael mas fanna ar y môr, oes e?' Trueni na fyddai e'r un mor ofalus wrth dynnu dannedd! Beth bynnag, fe fu cymaint o gynnydd yn ein gwerthiant petrol fel y bu'n rhaid i ni osod tanc mwy o faint, un yn dal 12,000 o alwyni yn lle'r hen danc. Yr unig fan roedd modd ei gladdu oedd y tu fewn i'r garej. Y contractwyr mawr lleol bryd hynny oedd y Brodyr Lloyd o Lannarth felly draw â fi at Eric Lloyd i ofyn ei farn am y gorchwyl o osod y tanc. Roedd gan Eric syniad gwych, sef y dylid cloddio'r twll, ei lenwi â dŵr ac yna gollwng y tanc, lawr yn araf i'r dŵr ac yna byddai pwysau'r tanc yn gwthio'r dŵr allan. Ie, syniad gwreiddiol ryfeddol. Dyna'r union ddamcaniaeth a ddarganfu Archimedes pan eisteddodd mewn bath llawn dŵr. Bwriwyd ymlaen â'r cynllun felly.

Fe gloddiwyd y twll ac fe'i llenwyd â dŵr gan fois y Frigâd Dân. Roedd hi tua chwech o'r gloch y nos, a dyma ni'n gollwng y tanc lawr yn araf i'r dyfroedd. Ond aeth pethau ddim mor esmwyth ag y gobeithiem. Fe suddodd y tanc heb drafferth ond fe gododd y dŵr mor sydyn nes bod ton enfawr yn arllwys allan o'r garej a lawr ar hyd y stryd. Lawr â'r don fel swnami heibio i Fanc Barclays a siop Alistair y groser. Fe lifodd megis afon, chwedl yr emynydd, ar draws y ffordd fawr rhwng Aberystwyth ac Aberteifi lle mae bysus yn parcio. Achoswyd i geir stopio wrth i'r don fwrw yn ei blaen drwy Regent Street. Yno mae seleri i'r tai ac fe lanwodd y rheiny â'r dŵr. A dyna lle'r oeddwn i'n melltithio Archimedes. Oni bai fy mod i'n weddol boblogaidd gan drigolion Aberaeron rwy'n siŵr y byddwn i wedi treulio cyfnod yn y carchar.

Roedd y syniad yn un da. Yn anffodus, yr hyn na wnaethon ni ei ragweld oedd y byddai angen 12,000 o alwyni o ddŵr i lenwi'r twll ac y byddai cymaint â hynny o ddŵr wedyn yn llifo allan mor sydyn ac mor gyflym. Er yr holl lanast, fe weithiodd y syniad: roedd Archimedes yn iawn wedi'r cyfan.

*

Gydol yr amser fe dyfodd y busnes. Un cwsmer rheolaidd oedd Gerald Morgan, cyn athro a chyn brifathro sy'n enwog bellach fel hanesydd. Cyn iddo gael ei benodi'n brifathro ar Ysgol Penweddig, Aberystwyth byddai'n teithio bob dydd i Ysgol Aberteifi. Ond roedd yr Hillman Imp a brynodd oddi wrthon ni yn torri lawr byth a hefyd, a finne'n cael fy ngalw mas i'w dowio. Chwarae teg, wnaeth Gerald ddim cwyno erioed.

Fe ges i fy mherswadio ymhen ychydig amser i sefyll lecsiwn ar gyngor y dref. Y ddwy a wnaeth fy mherswadio oedd dwy chwaer, Doris a Beti, ac mae Yvonne Evans, un o ferched y tywydd ar S4C, yn wyres i un o'r chwiorydd, sef Doris. Yn Aberaeron hefyd, gyda llaw, y ganwyd y dyn tywydd Chris Jones, mae'n rhaid fod yna rywbeth mawr rhwng Aberaeron a'r tywydd!

Ugain oed o'n i, yr ieuengaf erioed bryd hynny i fod ar y cyngor. Wnes i ddim ceisio dringo'n uwch waeth doedd gen i ddim uchelgais o ran llywodraeth leol. Roedd tad-cu ar ochr Nhad wedi bod yn gynghorydd sir, ond o ganlyniad anuniongyrchol i hynny fe gollodd bopeth. Byddai'n arferiad ganddo ef a rhai o'i gyd-gynghorwyr, pan gynhelid cyfarfodydd y cyngor yn Aberaeron, i fynd am ginio i westy'r Feathers. Fe fyddai rhai o bobol fusnes y dre'n mynd yno i giniawa hefyd. Tad-cu oedd un o gwsmeriaid cyntaf Banc NatWest ac ymhen amser daeth rheolwr banc newydd yno ac fe gyfarfyddodd y ddau am y tro cyntaf uwchben y cinio arferol. Digwyddodd Tad-cu ddweud fod ganddo arian i'w dalu i mewn i'r banc a chynigiodd y rheolwr fynd â'r arian gydag e i'w dalu ar ei ran i'w gyfrif, a dyma Tad-cu'n cytuno. Fe aeth hyn yn rhyw fath ar drefn reolaidd ond ymhen amser fe glywodd Tad-cu fod yr holl arian a gymerwyd wrtho heb gyrraedd ei gownt. Collodd y cyfan a bu dim sôn am y rheolwr banc wedi hynny chwaith.

Fe ddysgais i lawer drwy fod yn gynghorydd tref. Ro'n i nawr ysgwydd wrth ysgwydd â rhai o bobol flaenllaw'r dref, pobol fel Hughes Jones y bwtsiwr, Mr Thomas y prifathro, y cymeriad mawr hwnnw Vic Hubbard a Mrs Sewell. Fe ddaeth Mrs Sewell yn un o gymeriadau chwedlonol y dref; fe brynai hi dai a'u rhentu allan ac roedd hi'n berchen ar fwy o dai na Rachman ei hun.

*

Fel Cymro Cymraeg oedd ag wyneb cyfarwydd, diolch i'r canu, fe ges wahoddiad i sylwebu ar faterion moduro ar radio a theledu a thua diwedd 1968 fe ddechreuais anfon ambell i adroddiad i'r *Cymro*. Yna, yn rhifyn 6 Chwefror 1969 o'r papur, fe gyhoeddodd y golygydd, Llion Griffiths, y byddwn i'n cyfrannu colofn wythnosol i'r papur o hynny ymlaen. Fe barhaodd hynny am rai blynyddoedd.

Roedd hwn yn gyfnod diddorol yn hanes moduro. Ddwy flynedd yn gynharach roedd y Ddeddf Diogelwch newydd wedi agor y drws i'r teclyn profi anadl i weld beth yw lefel yr alcohol yn y gwaed, sef yr anadliedydd. Cymro Cymraeg a ddyfeisiodd y teclyn profi anadl, sef Tom Parry Jones gyda'i gydweithiwr Bill Dulcie o Lion Laboratories yng Nghaerdydd. Yr enw gwreiddiol arno oedd yr Alcolyser. Dyma ddechrau'r cyfnod ymgyrchu o ddifrif yn erbyn yfed a gyrru.

Mewn colofn ar ddiwedd 1969 fe daflais linyn mesur dros lwyddiant neu fethiant yr anadleidydd dros ddwy flynedd ei fodolaeth. Fy mhrif gŵyn oedd na fedrai gyrrwr wybod a oedd e dros y ffin yfed ai peidio. Ni châi gyrrwr gario'r anadliedydd ei hunan. Fy ofn i oedd mai teclyn ar gyfer erlid ac erlyn y gyrrwr oedd yr anadliedydd, yn hytrach na theclyn ar gyfer rheoli nifer y rhai fyddai'n gyrru dros y marc.

Bu newid arwyddocaol yn 1967 yn yr arferiad o gofrestru moduron. Newidiwyd blwyddyn y cofrestru o ddydd Calan i'r cyntaf o Awst hyd ddiwedd Gorffennaf y flwyddyn ganlynol. Hynny yw, câi modur a gofrestrwyd ym mis Hydref 1967 ei ystyried yn fodel 1968. Ac fe ychwanegwyd llythyren at y rhif i ddynodi'r flwyddyn, er enghraifft, yn 1971 y llythyren fyddai'n diweddu'r numberplate yn y flwyddyn honno oedd 'K', yna ar 1 Awst 1972 byddai'r llythyren yn newid i 'L' ac yna ymlaen drwy'r wyddor bob blwyddyn. Rhyfedd 'mod i'n dal i gofio rhif y car Volvo cyntaf i fi ei werthu erioed, sef NEJ 271K ond mae'r rhif wedi serio ar fy nghof.

Y bwriad oedd perswadio pobol i brynu ceir newydd gydol y flwyddyn yn hytrach na'u prynu yn ystod y gwanwyn yn bennaf. Ond penderfynodd rhai cwmnïau barhau i brisio moduron yn ôl y flwyddyn draddodiadol.

Ym mis Gorffennaf 1969 roedd fy ngholofn yn *Y Cymro* yn rhoi sylw i'r Mini ac fe gyfeiriais at hynny wrth i'r Prifardd Donald Evans o Dalgarreg alw draw i'r garej. Ar unwaith, cyfansoddodd englyn i'r Mini gan grynhoi prif nodwedd y car bach pwt hwnnw i'r dim yn y llinell olaf:

Yr un bach fel arian byw.

Un arall o Dalgarreg a fyddai'n gofyn am gyngor yn aml oedd y cymeriad mawr hwnnw, Eirwyn Pont-siân. Un tro fe gafodd ei dwyllo wrth brynu motor-beic, ac fe lwyddais i ddatrys ei broblem, ond alla i byth â datgelu shwd wnes i hynny, wy'n ormod o ŵr bonheddig!

Roedd 1969 yn flwyddyn wael o ran prynu ceir newydd oherwydd newidiadau yn y gyfundrefn hur-bwrcasu, neu HP. Roedd y gofynion newydd yn mynnu fod darpar fenthycwr yn gorfod cael hyd i ddeugain y cant o'r pris i'w dalu lawr ar unrhyw beth ac yna'n gorfod cwblhau'r ad-daliadau o fewn dwy flynedd.

Mae'n ddiddorol edrych yn ôl ar rai o'r colofnau a chymharu'r sefyllfa bryd hynny â heddiw o ran prisiau. Nodais fod pedwar galwyn o betrol pedair seren yn 1963 yn costio punt, ac yn 1970 roedd hyn wedi codi i bunt a chwe swllt ac wyth geiniog. Gewch chi un litr am hynny heddiw.

*

Byrdwn llawer o'r colofnau yn *Y Cymro*, yn naturiol, fyddai pwyso a mesur ceir newydd oedd yn ymddangos ar y farchnad. Roedd gen i brofiad personol o yrru gwahanol fathau o geir, wrth gwrs. Yn ystod y blynyddoedd cynnar ro'n i'n gwerthu gwahanol geir, yn Hillman, Ford ac Austin. Ond ro'n i'n awyddus cael bod yn asiantaeth swyddogol i un o'r cwmnïau mawr. Fe fyddwn i'n mynd fyny i'r Motor Show yn Llundain gyda Gwyn Llewelyn yn flynyddol am gyfnod ar ran y rhaglen *Heddiw*. Roedd Gwyn yn ddyn ceir go iawn. Y car cyntaf gafodd e gyda ni oedd Triumph Herald, ond doedd e ddim digon cyflym iddo fe a bu'n rhaid i ni osod carbyretor ychwanegol ynddo fe. Yn nes ymlaen, wrth gwrs, fe drodd Gwyn at geir Mercedes.

Un tro wrth ffilmio yn y Sioe Foduron roedd rhyw gwmni neu'i gilydd wedi trefnu tynnu sylw at ei geir drwy gael merch oedd yn ymddangos yn noeth i ddisgyn o'r nenfwd ac i mewn drwy do haul y car. Dyna lle'r oeddwn i yn gwneud darn i gamera gan ddweud nad oedd llawer yn digwydd yn y sioe ar y pryd a'r tu ôl i fi roedd yr hanner porcen yma'n disgyn i mewn i'r car!

Mewn un Sioe Foduron gyda Gwyn, fe dynnodd un car fy sylw i'n arbennig. Car Volvo oedd e, ac fe wyddwn nad oedd ganddyn nhw asiant yng nghyffiniau Aberaeron. Abertawe oedd y lle agosaf, a changen fechan oedd honno.

Ar ôl mynd adre fe wnes gais i gael bod yn asiant i'r cwmni. Fe ges i ymateb addawol a daeth eu cynrychiolydd nhw, Nigel Walker, lawr i 'ngweld i. Fe gymerodd olwg o gwmpas y lle a'i ymateb oedd ei fod e'n siomedig ar yr adeilad ond wedi ei blesio'n fawr gan fy mrwdfrydedd. Fe wnaeth e argymell wrth y Bwrdd y dylwn i gael yr asiantaeth ar yr amod fy mod i'n twtio'r lle.

Fe ges i'r Volvo cyntaf i mewn yn 1971. Doedd neb eisiau gwybod am y car: doedd neb â diddordeb. Byddwn i'n mynd ati i gynnig y cyfle i hen gwsmeriaid fynd â'r car allan i'w brofi. Ond unwaith roedden nhw'n deall mai Volvo oedd e, doedd ganddyn nhw ddim diddordeb.

Fe lwyddais o'r diwedd i dorri drwodd, diolch i filfeddyg fyddai'n gwasanaethu fferm fy rhieni. Roedd Ifan Williams, Pennant, yn hen ffrind. Un noson wedi i fi gyrraedd adre o'r garej roedd Ifan yno'n cael paned gyda Mam. Mae milfeddygon, ran fwyaf, yn cael eu nabod fel gyrwyr sy'n rhacso ceir. Dim rhyfedd o ystyried rhai o'r lonydd geirwon mae disgwyl iddyn nhw deithio drostynt.

'Nawr 'te, Ifan,' meddwn i. 'Mae Nhad yn gwsmer da i ti. Beth am i ti roi cynnig ar un o'r Volvos yma sydd gen i?'

Cyn iddo gael cyfle i wrthod fe wnes i gynnig arbennig iddo. 'Os na fyddi di'n hapus â'r car wedi tri mis, fe gei dy arian yn ôl yn llawn'. Pris y car oedd £1,492. Fel un o gynigion y Maffia gynt, roedd e'n gynnig na allai Ifan ei wrthod. Roedd y car yn barod iddo'i yrru bant fis Tachwedd 1971. Fe alla i gofio'i rif e nawr, hwnnw oedd yr NEJ 271K enwog. Un gwyn oedd e, ddim y lliw delfrydol i filfeddyg sydd â gofyn iddo yrru ar hyd lonydd mwdlyd a thrwy seigiau o ddom da.

Roedd cael Ifan i yrru Volvo yn hysbyseb berffaith, waeth roedd e i'w weld ar hyd y ffyrdd bob dydd. Roedd rhai amheuwyr yn disgwyl gweld y car yn torri lawr, wrth gwrs, ac fe fyddai hynny'n fêl ar eu bysedd. Ond cael eu siomi wnaethon nhw. Y nesaf i brynu Volvo oedd milfeddyg arall, Tom Herbert, un o gymeriadau mawr y sir. Rhif y car hwnnw oedd OEJ 165K. Pan ailwampiwyd llywodraeth leol yn 1973, Tom oedd cadeirydd cyntaf Cyngor Dosbarth Ceredigion ac fe'i hafeatures i wasanaethu am ail dymor. Ef oedd un o ffrindiau agosaf Dylan Thomas pan dreuliodd hwnnw gyfnod yn Ceinewydd ar ddiwedd y rhyfel.

Yna fe glywais fod Geraint Howells yn ystyried prynu car newydd. Mewnforwyr ceir Volvo ar y pryd oedd y Brodyr Lex, hynny yn y dyddiau cyn i Volvo ddechrau mewnforio'u ceir eu hunain. Fe ffoniais i swyddfa Lex yn Ipswich gan esbonio fod ein Haelod Seneddol ni'n ystyried prynu car newydd a gofyn am delerau arbennig, gan y byddai hyn yn gyhoeddusrwydd gwych. Ac fe werthais i Volvo i Geraint, rhif REJ 888, sef ei rif personol, car glas tywyll. Hwn, hwyrach, oedd y cam brasaf ymlaen. Fe ddaeth Geraint a'i Volvo yn olygfa gyffredin iawn ledled y sir a thu hwnt.

*

Y fenter nesaf fu prynu garej y Seabank yn Llanrhystud yn 1978. Roedd gan y cyn-berchennog lysenw diddorol, sef Captain Pugwash. Yn rhan o'r garej roedd tŷ bwyta'r Cob Cymreig. Roedd yno ddigon o le i gynnal ciniawau cymdeithasol hefyd. Yn wir, fe gynhalion ni ambell noson lawen yno ar ffurf *cabaret*.

Yna fe brynon ni garej yn Rhodfa'r Gogledd, Aberystwyth, hen garej Lowndes oedd e gyda lle i drwsio ceir allan yn

Llanbadarn Fawr. Roedd Garej Nelson's yn y dre wedi cau ac roedd yn fwlch amlwg i'w lenwi. Yna fe brynon ni garej yr Hen Ffowndri yn Aberteifi gyda'r gweithdy ar yr ochr draw i'r afon. Ond fe werthwyd y gweithdy yn 1985 i J. J. Morris ar gyfer ehangu'r mart. Felly, roedd ganddon ni bedwar garej yn y sir. Pan oedd y busnesau hyn ar eu hanterth roedden ni'n cyflogi tua deg a thrigain o weithwyr.

Tyfu mewn gwerthiant ac mewn enw da wnaeth Volvo. Ac fe fedra i gofio gwerthu'r Volvo Automatic cyntaf un i Ken a Minnie Thomas o Lanelli, un coch oedd hwnnw. Fe es i allan gyda nhw â'r car ar brawf, Ken yn gyrru, fi gydag e y tu blaen a Minnie yn y sedd gefn. Doedd gan Ken fawr o gewc at y car ond roedd Minnie yn y sedd ôl yn bles iawn. Roedd e'n ymddangos iddi hi fel car hawdd iawn ei yrru. A hi gafodd ei ffordd.

Fe fyddwn i'n gweithio oriau hir ac allan yn aml hyd ddeg o'r gloch y nos. Yn wir, rwy'n cofio taro bargen â phâr o Lanwnnen unwaith, Mr a Mrs Richards, Lowtre, am hanner nos ar ôl methu'r noson gynt.

Fe werthais i Volvo hefyd i'r bargyfreithiwr o Abertawe, Gareth Williams, a ddyrchafwyd wedyn i fod yn Arglwydd Williams o Fostyn. Fyddai e byth yn haglo am bris. Ei unig ddiddordeb fyddai pa liw oedd gen i i'w gynnig iddo. Fe fydden ni'n cwrdd wedyn yng ngwesty'r Ivy Bush yng Nghaerfyrddin lle byddai e'n talu'r pris yn llawn a'r ddau ohonon ni'n cyfnewid car, fe yn gyrru bant yn yr un newydd a finne'n mynd adre â'r hen gar.

Mae amryw wedi gofyn i fi a oes yna ddawn arbennig i werthu, neu mewn perswadio rhywun i brynu. Wn i ddim ai dawn yw hi neu rywbeth y medrwch chi ei ddysgu. Ond yn bendant yr elfen bwysicaf yw bod gan y gwerthwr hyder yn yr hyn mae e'n ei werthu. Os nad oes gan y gwerthwr hyder yn ei nwyddau, yna does dim pwynt ceisio perswadio rhywun arall i fod â ffydd yn y nwyddau hynny. Yn achos Vovlo, roedd gen i gred â ffydd wirioneddol yn y car. Fe all unrhyw ffŵl raffu celwyddau am ei nwyddau, ond o wneud hynny ddaw'r cwsmer ddim 'nôl atoch chi wedyn. Ar ben hynny, yr hysbyseb orau oedd mai Volvo fyddwn i'n ei yrru fy hun sef Volvo 144. Un melyn oedd e a streipiau duon ar hyd ei ystlysau – o'n i'n meddwl 'mod i'n rêl bachan.

Ond i fi, y torri drwodd fu'n bwysig, sef gwerthu'r ddau neu dri cyntaf ac nid y llwyddiant ddaeth yn sgil hynny. Nid ein bod ni wedi glynu'n ecscliwsif at Volvo. Yn ein gwahanol garejys fe fuon ni'n gwerthu Renault, Datsun, Vauxhall a Ford dros y blynyddoedd. Ond wnaeth yr egwyddor wrth werthu fyth newid: roedd yn rhaid i ni gredu yn y cynnyrch.

Petawn i'n digwydd methu perswadio rhywun i brynu car, a'u bod nhw'n prynu oddi wrth rywun arall, nid dyna fyddai diwedd y stori o'm rhan i. Fe fyddwn i'n pwysleisio wrthyn nhw na fyddai angen iddyn nhw deithio i Abertawe neu Gaerdydd am wasanaeth i'r car. Fe fyddwn i'n eu hannog i ddod aton ni a byddai hynny'n mynd lawr yn dda bob tro. Fyddwn i byth yn dal unrhyw fath o ddigofaint o golli'r ddêl wreiddiol: i'r gwrthwyneb, fe fyddai drysau'r garej bob amser yn agored ble bynnag fydden nhw wedi prynu car.

Cyn belled ag yr oedd Volvo yn y cwestiwn roedd gen i bedair anogaeth. Yn gyntaf fe fyddwn i'n pwysleisio cadernid y car. Yn ail fe fyddwn i'n pwysleisio'i fod e'n gar na wnâi fyth, siawns, dorri lawr – hynny yw, fyddai can mil o filltiroedd ar y cloc yn ddim byd iddo. Yn drydydd fe fyddwn i'n pwysleisio'n hôl-wasanaeth ni. Ac yn bedwerydd, y pris. Fe gaech chi gar da am bedwar cant ar ddeg o bunnoedd – heddiw mae ceir o'r fath yn gwerthu am bum mil ar hugain.

*

Yn y cyfamser ro'n i'n dal i ganu ac roedd hynny'n rhoi cyfle i
fi genhadu am y ceir wrth berfformio yma ac acw. Fe werthais
i sawl Volvo i'r canwr Dafydd Edwards ac fe werthais i Datsun
o Garej Llanrhystud i Trebor Edwards hefyd. Perfformwyr
eraill a brynodd geir gyda ni oedd Berwyn Davies, Felin-fach,
a'm cyn-athro canu, Gerald Davies. Yn wir, fe werthais i geir
i aelodau o'r 'Big Five', sef dewiswyr tîm rygbi Cymru yn
ogystal, un ohonynt oedd Cliff Jones.

Peth arall pwysig i'w gofio yw na fydd rhywun wedi
gwerthu car i gwsmer nes iddo fe hefyd werthu'r car a gafodd
yn ei le yn rhan-gyfnewid. Dydych chi ddim gwell o werthu
car newydd a'r hen gar yn dal ar eich dwylo. Ar anterth y
busnes fe fyddwn i'n gwerthu tua chant o geir y flwyddyn,
hynny yw, tua dau ar gyfartaledd bob wythnos. Ac fe fyddwn
i'n barod i fynd i unrhyw le i daro bargen. Rwy'n cofio mynd
lawr i Borth-cawl unwaith a chael cwmni Gwilym Evans
o Silian, sef tad Timothy Evans, y tenor enwog. Fe fyddai
Gwilym yn dod yn gwmni gen i'n aml. Doedd ffordd osgoi
Pontarddulais ddim yn bod bryd hynny, ac ar y ffordd adre
drwy'r Bont fe wnaethon ni alw gyda'r teulu O'Neill, teulu
amlwg ym myd y canu, wrth gwrs. Fe guron ni ar ddrws
Adelaide House a chael croeso brwd yno, ac yno y buon ni'n
sgwrsio tan oedd hi ymhell wedi hanner nos.

Mae'n rhaid i fi ddweud i mi wneud cannoedd o ffrindiau
drwy'r garej, ambell un yn ffigwr enwog. Un o'r enwocaf oedd
yr arlunydd Kyffin Williams. Mae gen i gyfaill o fargyfreithiwr
lawr yng Nghastell-nedd, sef James Jenkins, ac fe fydden ni'n
cwrdd unwaith y flwyddyn i ddala lan â bywydau'n gilydd. Yn
1991 fe ddigwyddodd sôn wrtha i am yr artist Kyffin Williams.
Wel, dim ond enw oedd hwnnw i fi bryd hynny. Ond o glywed
am ei ddawn fel artist dyma fi'n dweud wrth James y byddwn

i'n gofyn i Kyffin beintio portread o Derwen Replica, y ceffyl gorau oedd gen i ar y pryd.

Fe synnodd hwnnw. Fedrwn i ddim ffonio dyn fel Kyffin a gofyn iddo'n gwbwl ddirybudd i beintio llun ceffyl, meddai e, ond ar ôl rhyw ddiod neu ddau fe gymerais i hyn fel her. Fe wyddwn i ei fod e'n byw yng nghyffiniau Llanfair-pwll a'i fod e'n gyrru Volvo. Ro'n i'n ffrindiau mawr â bechgyn Garej Ty'n Lôn, gwerthwyr Volvos fel finne. Nid yn unig bod y rheiny yn gwybod ble oedd e'n byw ond roedd Kyffin yn gwsmer da iddyn nhw hefyd. Roedd e wedi prynu Volvo gyda nhw ac yno fyddai e'n cael gwasanaeth i'w gar.

Fe ffoniais i Kyffin, ac ar unwaith fe gytunodd i ddod lawr. Yn wir, fe beintiodd y llun. O ddod i'w adnabod gystal fe fyddwn i'n gyrru fyny bob tua chwe mis i gwrdd ag e, ac fe fyddai yntau'n mynd â fi o gwmpas yr ynys. Ynyswr oedd e o'i gorun i'w sawdl ac fe wyddai am bob modfedd o Fôn. Yn ddiweddarach fe fu Myfanwy a finne'n dangos y llun gan Kyffin ar yr *Antique Roadshow*, rhaglen deledu boblogaidd y BBC a ffilmiwyd yn Aberystwyth un tro. Mae'r llun yn werth tipyn, rhaid cyfadde.

Roedd Kyffin yn ddyn hyfryd ac yn hoff o gwmni pobol gyffredin. Mae yna hanesyn am awdurdodau adran gelf y Brifwyl unwaith yn trafod ei wahodd i feirniadu. Ond ei wrthod a wnaethon nhw am nad oedd e'n ddigon *avant garde* yn eu tyb nhw. Oes, mae yna ormod o snobs yng Nghymru fach.

Pan oedd Dyfed, y mab, yn ddeunaw oed, fe wnaethon ni gomisiynu Kyffin i beintio llun iddo fe. Ac fe wnaeth Kyffin yn llawen – llun bugail a'i gi defaid oedd hwnnw, un o hoff destunau Kyffin.

O sôn am yr *Antiques Road Show*, mae gan Myfanwy, fy ngwraig, gryn ddiddordeb mewn hen bethau a thrwyn da am fargen hefyd. Un man lle byddem yn galw bob amser, os bydden ni'n mynd yn agos i Aberteifi, fyddai siop hen bethau Cross Inn ym Mlaenannerch, lle byddai Keith a Gareth yn cadw stoc ddiddorol. Un tro roedd casgliad o hen gelfi o dŷ hen gastell Aberteifi ar werth yno, ac fe brynodd Myfanwy gelficyn sy'n cael ei adnabod fel 'conversation suite'. Math ar gadair ar gyfer tri i eistedd arni oedd y darn, a bu'n rhan o gasgliad yr hen fenyw, Miss Wood, oedd yn byw yn y tŷ oddi mewn i furiau'r castell am flynyddoedd ond oedd wedi gorfod mynd i gartre'r henoed yn ei henaint. Yn fuan wedyn gosodwyd gwaharddeb rhag gwerthu mwy o'r celfi o'r castell. Gyda'r hen gastell bellach wedi'i adfer, mae'r darn o bwys hanesyddol, mae'n rhaid.

*

Canolbwynt y gwerthiant yn sir Benfro, pan oeddwn i'n gwerthu Volvos, fyddai fferm Hendre-wen, sef cartref Idris a Cynthia James ym Manorowen ger Abergwaun, achos roedden nhw'n nabod pawb. Fe fyddwn i'n galw yno ddwywaith neu deirgwaith yr wythnos. Roedd Cynthia byth a hefyd yn trefnu gweithgareddau ar gyfer codi arian at wahanol elusennau. Un tro dyma hi'n gofyn a fedrwn i drefnu i Trebor Edwards ddod draw i ganu yn Abergwaun yn un o'i chyngherddau. Fe ddaeth, ac fe ddaeth e ac Idris a Cynthia'n ffrindiau mawr. Pan fu farw Cynthia'n ddiweddar, fe ganodd Trebor yn ei hangladd yng Nghas-blaidd.

Mae gen i achos da i gofio hefyd werthu car i Rees Nant-yr-efail. Wrth i ni drafod, dyma Mr Rees yn galw ar ei wraig i ddod â glasied o gwrw i fi. Wrth gwrs, ro'n i yn ardal y macsu. Erbyn i fi gyrraedd Ffostrasol ar fy ffordd adre fe fu'n rhaid i fi dynnu mewn wrth ochr y ffordd a chael hanner awr o gwsg. Roedd y cwrw macsu wedi cael buddugoliaeth!

Teulu arall o sir Benfro a ddaeth yn ffrindiau mawr â fi hefyd drwy brynu Volvo oedd y teulu Cornock. Mae Joy yn gantores a thelynores ifanc egnïol amlwg iawn y dyddiau yma, ond mae fy nghysylltiadau i â'r teulu'n mynd yn ôl at ei thad-cu a'i mam-gu. Unwaith eto dyma esiampl berffaith o'r canu a'r ceir yn dod ynghyd.

Mae ganddon ni gysylltiad ag un garej o hyd gan fod Ifan fy mrawd a'i ferch Llinos yn dal i redeg y garej yn Aberaeron. Ond wedi i ni roi'r gorau i'r tri garej arall yn 1985 ac i fi droi at y ceffylau, fe fyddwn i'n hwylio ceffylau allan i Sweden weithiau ac yn y porthladd fe welwn i filoedd ar filoedd o geir Volvo yn disgwyl cael eu cludo draw i wledydd Prydain. Byddai hynny wastod yn dod 'nôl ag atgofion pleserus i fi.

Fe fu cyfnod y garej yn un hapus iawn. Fe drodd y lle yn Aberaeron yn rhywbeth mwy na lle busnes i werthu a thrwsio ceir a daeth yn fan galw i bobol leol fel yr arferai siopau neu weithdai pentrefol fod. Yn Dre-fach, lle cefais fy ngeni, y siop wrth ymyl y bont oedd y man galw lle byddai pawb yn rhoi'r byd yn ei le. Ro'n i'n rhy ifanc bryd hynny i werthfawrogi'r cymdeithasu a'r hwyl, ond un o gymeriadau mawr y fro a fyddai'n galw oedd Williams Brooklyn, ac fe fyddai storïau hwnnw'n chwedlonol. Roedden nhw fel rhyw Fabinogi modern. Mewn cyfnod pan na fyddai neb, bron, yn teithio'n bellach na Llanbed fe fyddai Williams yn mynd ar gered am fis neu ddau ar y tro. Pan ddeuai adre, fe fyddai pawb – gweision ffermydd yn arbennig – yn crynhoi yn y siop fin nos i wrando ar ei brofiadau a'u llygaid nhw'n lled y pen llydan mewn anghrediniaeth.

Un tro fe honnai iddo fod yn crwydro'r Sahara. I'r bechgyn lleol na fu ymhellach na Saron, doedd yr enw Sahara'n golygu fawr ddim. Fe aeth ati felly i ddisgrifio'r diffeithwch anferth yma a dod â'r lle'n fyw o flaen eu llygaid nhw. Fe fu'n cerdded, meddai e, am dair wythnos heb weld un enaid byw. Yna'n sydyn dyma fe'n clywed sŵn tarw'n bugunad. Fe drodd, a dyna lle'r oedd tarw anferth yn rhedeg yn syth amdano … Roedd y bois yn ysu am gael gwybod mwy.

'Be wnaethoch chi, Williams?'

'O,' meddai e'n ddidaro. 'Gredwch chi ddim, ond fe fues i'n lwcus. Roedd coeden yn digwydd bod o fewn cyrraedd, yr unig goeden am filltiroedd. Dim ond cyrraedd y goeden mewn pryd wnes i. Roedd anadl y tarw ar fy ngwar i. Dyna ble'r o'n i nawr ar ben y goeden a'r tarw'n bugunad ac yn ceibo o' tana i.'

'Ie, a beth ddigwyddodd wedyn?'

'Wel i chi, yno bues i am dair wythnos ar ben y goeden a'r tarw'n dal i fygwth o' tana i. Allwn i ddim mentro dod lawr.'

'Beth o chi'n neud am fwyd 'te, Williams?'

'O, ro'dd pobol yn dod â bwyd i fi.'

Stori gelwydd golau arall ganddo fe oedd honno amdano yn America. Yno, yn ôl Williams, roedd y gwenyn yr un maint â gwyddau. Dyma un o'r bechgyn yn holi.

'Beth oedd maint y cychod gwenyn, Williams?'

'O, yr un faint â'n cychod gwenyn ni.'

'Shwd odd y gwenyn yn mynd mewn i'r cychod, 'te?'

'O,' meddai Williams. 'Eu busnes nhw o'dd hynny.'

Maen nhw i'w cael ym mhob ardal, y cymeriadau lliwgar, neu o leiaf, roedden nhw i'w cael bryd hynny. Pan o'n i'n grwt yng Nghrug-y-bar 'nôl yn y pumdegau roedd yna gymeriad o'r enw John Lane yn byw yno. Roedd John newydd brynu car ail-law – Hillman – un du. Un diwrnod, dyma fe'n rhoi lifft i fi. Ro'n i tua naw neu ddeg oed ar y pryd ond eisoes roedd gen i ddiddordeb mewn ceir a dyma ofyn i John sut un oedd yr Hillman o ran llosgi petrol.

'Fe ddweda i wrthot ti nawr,' meddai John. 'Ro'n i'n cario'r hen fenyw fy mam i Landyfri'r wythnos ddiwetha. Ym Mhorth-y-rhyd fe redes i mas o betrol. Fe alwes i yn y swyddfa bost i ofyn i Mr Edwards a o'dd ganddo fe ddiferyn o betrol i'w sbario. Yr unig betrol o'dd gydag e o'dd llond tun ar gyfer y llif gadwyn, ac fe roddodd e hynny o'dd gydag e i fi.

'Fe arllwysais i'r cyfan i'r tanc a rhybuddio Mam i beidio ag anghofio y byddai angen petrol arna i yn Llandyfri. Ond ro'n ni'n rhedeg mor hwyr, fe anghofion ni. Fe es i adre, a'r noson honno rodd angen i fi deithio i Sanclêr. Bant â fi, gan anghofio'n llwyr unwaith eto am y petrol. Yna, wrth i fi bron â chyrraedd adre, fe sylweddolais i fod pwmp petrol ger y Feathers cyn dod i Lanwrda, a dyna pryd gofies i fod angen petrol arna'i a mynd ati i lenwi'r tanc.'

Dyna'i chi gar! Hynny yw, os oedd John i'w gredu, roedd e wedi gyrru tua chant a hanner o filltiroedd ar beint neu ddau o betrol!

Cymeriad mawr arall oedd Dai Pant-rhyg, Brechfa. Roedd e'n ffrindiau mawr ag Wncwl Ben ac Anti Sali, Rhiwseithbren, Gwernogle. Un dydd adeg mart amaethyddol Llanybydder roedd e ym mar y Blac ar ddiwedd y mart pan ddaeth Sais dieithr i mewn a chydag acen uchelwr fe ofynnodd yn dalog, 'Does anyone here know of a damn good sheepdog I could buy?'

Prin iawn a charbwl ar y naw oedd Saesneg Dai, ond fe ddeallodd e beth oedd y dyn dieithr yn ei ofyn.

'I have good dog at home,' meddai Dai. 'He can understand me talk.'

'Good golly,' meddai'r Sais. 'I've heard of such dogs. Can I see him?'

Fe gytunodd Dai. A bant â nhw yng nghar y dyn dieithr i weld y ci'n gweithio. Nawr roedd problem fach gyda'r ci. Roedd

e'n dueddol o dorri mewn. Hynny yw, yn hytrach na rowndio'r
defaid fe fyddai'n torri drwyddyn nhw gan hollti'r ddiadell. Ac
fe wyddai Dai yn union ar ei droad pryd wnâi'r ci dorri mewn.
Fyny â nhw i'r banc, a phan oedd y ci ar fin torri mewn fe
waeddodd Dai.

'Bring half!'

Ac fe rannodd y ci'r ddiadell yn ddwy a dod â'u hanner
nhw draw. Roedd y Sais mor bles gyda'r fath gi deallus fel iddo
dalu llawer mwy nag a ddylai. Y gwir amdani, wrth gwrs, oedd
mai dangos gwendid oedd y ci, ond fe wnaeth Dai hynny i
ymddangos fel cryfder, gan addasu ei orchymyn fel ei bod yn
ymddangos bod y ci yn deall pob gair. Ond o hynny ymlaen,
'Bring Half' fu llysenw Dai. Bu'r Sais yn chwilio am Dai am
ddyddiau wedyn er mwyn ceisio cael ei arian 'nôl. Ond cadw
draw wnaeth Dai nes i'r awyr glirio a'r Sais ymadael.

*

Do, fe drodd y garej i fod yn lle llawn bywyd. Byddai cwsmeriaid
o bob rhan o Gymru'n galw am wasanaeth. Byddai cwsmer yn
gadael ei gar ac yn cael benthyg car sbâr gyda ni tra byddai'r
gwaith yn cael ei wneud. A byddai cymeriadau lleol yn galw byth
a hefyd am glonc.

Roedd yna gymeriadau mawr yn Aberaeron bryd hynny.
Y Brodyr Jenkins, er enghraifft, yn enwedig Dan – Dan oedd
brenin yr harbwr. Cymeriad arall oedd Wyn Lloyd. Adeg eira
mawr 1963 fe fu trafferthion dybryd ac fe gafodd nifer eu dal
yn Aberaeron ac fe ymgasglodd criw ohonyn nhw yn y Feathers
i drafod sut fedren nhw fynd adre drwy'r lluwchfeydd. Fe
gynigiodd Wyn fynd â nhw i fyny yn ei gwch ar hyd yr arfordir
gan osgoi'r holl eira, ac fe addawodd y byddai'n gadael yr

harbwr am hanner awr wedi saith y noson honno. Ond pan gyrhaeddodd y darpar deithwyr doedd dim sôn am Wyn yn yr harbwr ac ar ôl tuag awr fe aethon nhw 'nôl i'r Feathers. Yno yn y bar roedd Wyn yn yfed wrth y tân heb unrhyw fwriad i fynd â nhw. Weithiau byddai'n bwrw draw ar draws y bae am Iwerddon, a gan nad oedd Wyn yn un o'r goreuon am lywio felly fe hwyliai lawr o fewn golwg i'r lan tuag at Abergwaun byddai'n dilyn y llong fferi i Rosslare. Roedd ganddo hen fan wedi ei haddasu i fod fel campyr fan. Fe'i cadwai mewn cwt ar waelod Rhiw'r Ysgol ac yn yr hen fan yn y cwt y bu'n cysgu am gyfnod. Roedd e'n dipyn o gymeriad chwedlonol yn y dref.

Un arall oedd ag enw chwedlonol mewn nifer o feysydd oedd Vic Hubbard, y cyfeiriais ato eisoes. Roedd e'n gynghorwr, yn chwaraewr pêl-droed effeithiol ac yn fowliwr chwim. Roedd yr Hubbards yn un o hen deuluoedd Aberaeron, a Vic oedd y brenin arnyn nhw.

Cymeriad mawr arall yn yr ardal oedd Enoch y barbwr. Un steil torri gwallt oedd gan Enoch ac fe ddysgodd y steil hwnnw pan oedd gwersyll milwyr ger Ffos-y-ffin, sef steil y basin. Hynny yw, byddai'n gosod basin ar ben rhywun a thorri rownd y gwaelod. Yn rhyfedd iawn fe ddaeth y steil yn ffasiynol flynyddoedd yn ddiweddarach ymhlith plant a llanciau, a byddai Enoch yn boblogaidd iawn bryd hynny. Un dydd, 'nôl yn y chwedegau, roedd Nhad yn disgwyl ei dro yn siop Enoch pan eisteddodd hipi yn y gadair fawr. Roedd ganddo wallt lawr hyd hanner ei gefn. Fe ofynnodd i Enoch am drimad. A dyma Enoch yn gofyn yn ôl ei arfer, 'Any particular style?' Ac allan ddaeth y cliper a bant ddaeth y gwallt a syrthio'n gudynnau i'r llawr. Fe aeth yr hipi allan mewn tymer ddrwg gan edrych fel petai wedi ei gneifio.

Fe ddylwn i hefyd sôn am Nyrs Jarman o Bennant; roedd
hi'n dipyn o gymeriad. Byddai Nyrs Jarman yn cloncan cymaint
gydag unrhyw un fyddai gyda hi yn y car fel mai gwaith peryglus
iawn fyddai ceisio gyrru heibio iddi ar yr hewl. Byddai hi'n
gwyro o'r naill ochr i'r hewl i'r llall heb sylwi ar bethau di-bwys
fel cadw at ochr chwith yr hewl. Austin A55 oedd ganddi, ac os
cawn i fy hun mewn ciw o geir yn y cyffiniau fe fedrwn fetio mai
Nyrs Jarman fyddai yno'n eu dal nhw 'nôl.

Ac wrth gwrs, fedrwn i ddim sôn am gymeriadau
Aberaeron heb gyfeirio at Ron Davies, y ffotograffydd. Bu
farw Ron y llynedd, ac yn ôl ei ddymuniad fe gafodd angladd
anghonfensiynol – chwaraewyd recordiau Frank Sinatra a
Fats Waller yn y capel ac roedd triawd jazz yn y sêt fawr. Pan
adawodd yr arch am fynwent Henfynyw chwaraewyd hoff gân
Ron sef 'Hit the Road, Jack'.

Am gyfnod fe fu gan Ron a finne drefniant. Roedd ganddo
gytundeb gyda chwmni teledu HTV, a TWW cyn hynny, i
ffilmio digwyddiadau ar gyfer y newyddion, a fi fyddai'n gyrru'r
ffilm lawr i Bontcanna yng Nghaerdydd, lle'r oedd y stiwdio bryd
hynny. Weithiau, prin y byddwn i'n cyrraedd mewn pryd.

Un tro yn arbennig, munudau oedd i fynd cyn cychwyn
y newyddion pan gyrhaeddais â'r ffilm â ngwynt yn fy nwrn.
Roedd Ron wedi bod yn ffilmio'r Tywysog Charles yn ardal
Pontarfynach, ac ar ei hôl hi braidd. Ar y ffordd o Aberaeron
i Bontcanna mae'n siŵr fy mod i wedi torri pob rheol goryrru
oedd yn bod, ac ambell un nad oedd yn bod yn ogystal. Wrth i fi
droi'r car i mewn am y stiwdio a sgrialu i stop, fe welwn Sulwyn
Thomas yn gyffro i gyd yn y dderbynfa ar binnau'n disgwyl am y
ffilm a llai na phum munud yn sbâr cyn darlledu.

Ac o sôn am Dywysog Cymru, yn 1981 fe ymwelodd e a
Diana ag Aberteifi, ond cyn iddyn nhw gyrraedd bu haid o

dditectifs a'u cŵn yn cribinio drwy'r dref rhag ofn bod yna fom wedi ei gosod yn rhywle. Fe godwyd pob man-hôl er mwyn archwilio'r draeniau, ond yr hyn na wyddai'r heddlu oedd bod yna fachan fyny'r ffordd â digon o ffrwydron i chwythu Aberteifi i'r entrychion. Câi ei adnabod fel 'Tom the Bomb' – Tom Powell oedd arbenigwr ffrwydron swyddogol y sir. Yn wir, daliai drwydded ar gyfer y gwaith. Pan benderfynodd ymddeol fe gynigiodd ei jobyn i fachan o Ffostrasol, Gordon Selwood. Ond gwrthod fu'n rhaid i Gordon, meddai wrth Tom, am fod yswiriant cadw ffrwydron yn costio miloedd ar filoedd o bunnau a fedrai e ddim fforddio hynny. 'Pa insiwrans wyt ti'n feddwl?' atebodd Tom. Doedd Tom ddim wedi codi yswiriant erioed ar gyfer y jobyn!

Cymeriad mawr arall oedd yn byw yn Llanddeiniol i'r gogledd o Lan-non oedd Harry Chambers. Roedd e'n amlwg iawn ym myd y ceffylau. Cadwai siop ar ganol y Stryd Fawr yn Aberystwyth lle gwerthai ddillad marchogaeth a gwisgoedd ar gyfer trigolion cefn gwlad. Roedd ei nwyddau o'r safon uchaf ac yn tueddu i fod yn ddrud. Gŵr o Swydd Efrog oedd Harry a'i wraig o Lanelli ac fe fydden nhw a'u merch, Daydre, yn hollbresennol mewn digwyddiadau marchogaeth yn lleol.

Roedd Daydre'n gymeriad arbennig ei hun. Fe fyddai'n gyrru lori fach Commer ei thad o sioe i sioe. Un tro roedd hi a'i ffrind, Joanie Thomas, o Gastell-nedd wedi bod yn Sioe Tregaron ac fe aeth hi'n ddathliad yn y Talbot. Pan ddaethon nhw allan roedd hi'n hwyr, a dim ond tri cherbyd oedd ar y sgwâr sef lorïau Daydre a Joanie a fan Mini. Yn anffodus welodd Daydre ddim o'r fan ac fe baciodd tuag ati. Roedd Joanie'n chwifio'i breichiau'n wyllt i'w rhybuddio, ond meddyliodd Daydre mai ffarwelio â hi oedd hi ac fe chwifiodd ei llaw yn ôl gan ddal i fynd wysg ei chefn ac fe wasgodd y Mini yn fflat. A'r ddrama hon yn digwydd wrth draed yr Apostol Heddwch a'r llwyrymwrthodwr cadarn, Henry Richard!

Yn dilyn fy ngwaith yn cludo ffilmiau Ron Davies lawr i Gaerdydd, daeth cysylltiad mwy clòs fyth rhyngof fi a HTV. Ro'n i eisoes wedi bod yn gwneud cyfweliadau â Sulwyn Thomas ar ei *Stondin* o'r Sioe Fawr. Rwy'n cofio un tro bod rhyw Sais wedi ennill pencampwriaeth a dyma ofyn i Sulwyn a gawn i ei holi yn Saesneg. Fe aeth Sulwyn at yr awdurdodau i ofyn a fyddai'n bosib a'r ateb ddaeth yn ôl oedd 'Na' pendant. Mae pethau wedi newid llawer erbyn heddiw, a Radio Cymru'n frith o Saesneg.

Un dydd fe gefais alwad ffôn oddi wrth gynhyrchydd teledu *Cefn Gwlad*, Geraint Rees: roedd e am i fi olynu Glynog Davies fel cyflwynydd. Fe dderbyniais i'n llawen a chael clywed aml i stori hynod yn ystod fy nghyfnod. Un o'r rhai mwyaf cofiadwy oedd y stori honno am Dan Theophilus, ei gyndeidiau'n dod o Wlad Groeg. Un o'i gampau oedd cerdded ar stilts, ac fe'i ffilmiwyd yn croesi afon Tywi ar y stilts. Yng Nghil-y-cwm oedd e'n byw, a phan oedd e'n ifanc byddai weithiau'n seiclo fyny i'r ardal hon i sesiwn sborts Cross Inn. Tipyn o ddyn oedd Dan.

Un rhaglen *Cefn Gwlad* sy'n aros yn y cof yw'r un a ffilmiwyd gyda theulu Owen o Fridfa Friars yn y Star ar Ynys Môn. Maen nhw'n deulu diddorol iawn gydag Ann a Sian, y merched, yn ddeintyddion a'u brawd, Gareth, yn feddyg yng Nghaernarfon. Bridio ponis mynydd oedd eu rhieni nhw. Rwy'n cofio tra'n bod ni'n ffilmio i un o'r merlod ddianc i lawr y ffordd. Fe neidiais i mewn i gar gyda Mr Owen ac fe yrrodd hwnnw ar ôl y merlyn. Yr hyn na sylweddolais i oedd bod Mr Owen wedi bod yn un o yrwyr ceir yr heddlu ar batrôl ar un adeg. Dyna'r daith gyflymaf i mi ei phrofi erioed: roedd fel bod yn *The Sweeney*!

Roedd y gwaith yn gallu bod yn hynod amrywiol, fel y diwrnod pan ffilmion ni fenyw oedd yn cadw llo yn y gegin a ffilmio diwrnod allan yn hela gyda John Glant Griffiths. Fe wnes i hyd yn oed ffilmio diwrnod o ffereta. Doedd dim dal beth fydden ni'n ei ffilmio.

Profiad arall gyda *Cefn Gwlad* fu ffilmio Babs, car John Parry-Thomas a laddwyd ar draeth Pentywyn yn 1926. Yn 1967 fe brynwyd y car a'i adfer gan Owen Wyn Evans o Gapel Curig, ardal ffrind arall i fi sef Gwyn Berry a'u teulu. Bu Owen a fi'n gyrru mewn Austin 7 ar hyd yr hen lôn o Gapel Curig tuag at Fwlch y Crimea. Buom yn ffilmio hanes teulu enwog Frongoy o Bennant, Llan-non, a'u cobiau arbennig hefyd ac yn ffilmio tipyn o hanes yr amaethwr a'r unawdydd Trebor Edwards. Roedd yr arlwy'n amrywiol bob tro.

Fe wnes i fwynhau'r gwaith gyda *Cefn Gwlad* yn fawr am ymron i ddwy flynedd. Fe gawn i waith arall yn achlysurol yn ogystal, pethau fel ymddangos gyda Huw Geraint y Fet ar *Mil o Alwadau*, ac rwy'n cofio ffilmio caseg yn geni swclyn ar gyfer y rhaglen honno, oedd yn brofiad hyfryd. Bûm yn sylwebydd teledu arbenigol adeg y Sioe Frenhinol wedyn. Ond wrth i fi fod i ffwrdd gymaint roedd y pwysau gwaith i gyd yn y busnes ar ysgwyddau Ifan, fy mrawd, felly rois y gorau i waith teledu ac ildio fy lle fel cyflwynydd i Dai Jones. Ac mae'r gweddill yn hanes, fel y gwyddoch.

*

Pethau rhyfedd yw cyd-ddigwyddiadau, fel maen nhw'n ein clymu ni at ein gilydd, waeth pa mor fach. Mae yna rai cyd-ddigwyddiadau'n ymwneud â phriodas Myfanwy a finne ac â Dyfed, y mab. Fe brynais i'r fodrwy dyweddïad yn Abertawe ac mae Dyfed yn byw yn Abertawe. Fe brynais y fodrwy briodas yn Stryd y Parc, Llanelli mewn siop sydd ar draws y ffordd yn union i'r fan lle heddiw mae stiwdios Tinopolis, lle bu Dyfed yn gweithio am sawl blwyddyn. Mae'r cysylltiadau hyn yn ein plesio ni'n fawr fel teulu.

Yn Siop Thomas brynwyd y fodrwy briodas a phan aethon ni i mewn i'r siop fe ddaeth menyw fach i'n cyfarch ni yn ei ffedog. Roedd hi'n siop dywyll iawn. Pan esboniwyd ein neges fe aeth â ni i stafell dywyllach fyth yn y cefn. Fe dynnodd y fenyw fach hambwrdd allan oedd yn orlawn o fodrwyau, dwsenni ar ddwsenni ohonyn nhw.

'Fe wnâi eich gadael chi nawr i ddewis,' meddai hi, ac allan â hi. A dyma ni'n synnu a dweud wrthi, cyn iddi adael, y medren ni ddwyn un yn hawdd pe baem am wneud hynny.

'O, na,' meddai hi yn bendant. 'Ry'n ni'n nabod ein pobol.' Ond doedd hi ddim wedi cyfarfod â ni erioed o'r blaen.

Drwy'r garej y gwnaeth Myfanwy a fi gyfarfod. Un anfantais o fod â busnes yn Aberaeron oedd mai dim ond môr oedd ar un ochr a does yna'r un darpar gwsmer car yn byw yn y môr. Fe glywais fod garej Morris Isaac ar werth, garej adnabyddus iawn ydoedd reit ar groesfan y rheilffordd yn Llanymddyfri. Roedd y rheolwraig, Mrs Hancock, yn tynnu 'mlaen mewn oedran ac roedd hi'n amser gwerthu. Dyma'r garej oedd â'r hawliau i werthu tractorau Ferguson yn yr ardal.

Draw â fi i gwrdd â nhw, ac wrth sgwrsio â Mrs Hancock fe ddigwyddais i edrych draw tua'r swyddfa lle'r oedd yr ysgrifenyddion ac fe dynnodd un ohonyn nhw fy llygad i'n syth, roedd hi'n ferch hynod o bert. Ddaeth y syniad o brynu'r garej ddim i fwcwl, waeth fe fethon ni ddod i gytundeb. Beth bynnag, ar ôl mynd adre roedd fy meddwl i'n mynd yn ôl byth a hefyd at y ferch bert yn y swyddfa. Ond wyddwn i ddim mo'i henw na'i chyfeiriad na dim arall.

Dyma droi eto am gymorth Daniel Evans, Cefngornoeth

– hwnnw a ddaeth i'r adwy ar y Mynydd Du pan o'n i ar fy ffordd i Eisteddfod Aberafan – fe dybiais y byddai teulu Daniel yn gwsmeriaid i Morris Isaac. Rhoddais ganiad i Daniel ac fe wnaeth e ymholiadau ar fy rhan gan chwarae ditectif er mwyn darganfod pwy oedd y ferch yn y swyddfa a wnaeth gymaint o argraff arna i.

Fe gafodd afael nid yn unig ar ei henw i fi ond hefyd ar ei rhif ffôn hi. Dyma fi'n ei ffonio a gofyn iddi a fyddai hi gystal â dangos ardal Llanymddyfri i fi – o'n i'n tybio ei bod hi'n *chat-up line* gwreiddiol iawn. Ac mae'r gweddill unwaith eto yn hanes.

Heb yn wybod i fi roedd Myfanwy hefyd wedi gofyn pwy oeddwn i wrth Mrs Hancock ac fe roddodd honno dysteb ganmoladwy i fi, chwarae teg. Fe es i â Myfanwy allan ar y noson gyntaf i le braidd yn annisgwyl iddi hi, sef cyfarfod Bridwyr Merlod Gorllewin Cymru yng Nghaerfyrddin. Menter oedd hon a sefydlwyd gan Emrys Bowen, Tom Roberts a finne gyda chyfarfodydd misol. Doedd gan Myfanwy ddim diddordeb mewn ceffylau o gwbwl, ac adre ar fferm Pantywheel ar gyrion Llanymddyfri dim ond gwartheg a defaid oedd ganddyn nhw.

Ond roedd gennym rywbeth yn gyffredin er gwaetha'r cychwyn anaddawol hwn. Roedd tad Myfanwy'n gerddorol. Ef oedd un o sylfaenwyr Côr Meibion Llanymddyfri, a hefyd roedd yn rhan o Gôr De Cymru fe deithiodd ef a fy mam-yng-nghyfraith dros y byd gyda nhw. Fe gafodd foddhad mawr o ganu.

Y cyfarfod bridwyr merlod hwnnw fu cychwyn pethau rhyngof i a Myfanwy. Cofiwch, fe gafwyd ambell gam gwag ar hyd y daith hefyd. Fe adroddodd rhywun wrth dad Myfanwy iddo fy ngweld i, a hi gyda fi yn y car, yn dod rownd i dro sharp wrth ddod mewn i Lanymddyfri ar gornel bwyty'r West End ar ddwy olwyn – aeth hwnna ddim lawr yn dda.

Fe ddechreuon ni ganlyn yn 1972 a phriodi ddwy flynedd yn ddiweddarach. Fu hi ddim yn garwriaeth hir, oherwydd unwaith i fi ei gweld hi fe wyddwn mod i wedi cael hyd i'r 'un' ac na fyddai angen chwilio mwy. Mae rhai'n caru am flynyddoedd a dim byd yn digwydd wedyn. Fe wnes i daro tra roedd y bedol yn boeth. Ar fore ein priodas ym mis Mai 1974 bu llawer o dynnu coes a chwarae triciau. Yn Aberaeron roedd y ceir yn barod yn y garej, wedi eu glanhau nes eu bod nhw'n sgleinio a'r rhubanau gwynion yn eu lle yn dwt ar bob dolen drws ac ar y bonet. Ond fe glowyd drysau'r garej â chadwyni ac fe gymerodd gryn amser cyn i fi lwyddo i dorri'r cloeon i'w cael nhw mas. Ac i fyny ar fferm Ynys Las, lle'r o'n i'n byw gyda fy rhieni, roedd rhywrai wedi adeiladu llwyth o fyrnau gwellt ar draws y drysau.

Y morynion priodas oedd Sheila, ffrind ysgol i Myfanwy, a Lilian, cyfnither iddi, Glenys, ail gyfnither i fi ynghyd â Llinos, fy nith. Fe weinyddwyd y seremoni gan y Parchedig Elwyn Pryse, un o gymeriadau mawr y pulpud. Roedd yn ddiwrnod i'w gofio ac i'w drysori. Fe ganodd Gerald Davies 'Bara Angylion Duw' yn ystod y gwasanaeth.

Dydi hi ddim yn gyfrinach fod Myfanwy'n gogydd a phobydd ardderchog. Ond mae hyd yn oed y gorau yn cael dyddiau gwael. Ychydig wedi i ni briodi fe alwodd rhyw bobol gyda ni, a rhaid oedd paratoi te ar eu cyfer. Roedd Myfanwy wedi bod wrthi'n pobi *rock cakes*, a thros de fe drois ati a gofyn ar ganol bwyta'r gacen gyntaf, 'Beth yw'r rhain, Myfanwy?'

'O', meddai hi, '*rock cakes* maen nhw'n eu galw nhw.'

'Addas iawn,' dywedais i, 'a'r pwyslais ar y *rock* dwi'n meddwl.'

Druan, wnaeth hi byth bobi *rock cakes* wedyn!

O ran teulu Myfanwy mae Nel, sef ei mam, yn 83 bellach. Mae gan Myfanwy dri brawd. Mae Vivian, brawd Myfanwy, a'i

wraig Ann yn ffermio o hyd yn yr hen gartref, Pantywheel.
Mae ganddyn nhw ferch, Anwen. Mae brawd arall Myfanwy,
Huw a'i wraig, Carol, yn rhedeg siop nwyddau trydan yn
Llanymddyfri. Mae ganddyn nhw dair merch, Catrin, Sera
a Megan. Mae Carwyn, y brawd ieuengaf, yn weinidog yn
Nhreorci. Mae ei wraig yntau, Alisia, yn hanu o Batagonia a
phan ddaeth Alisia draw doedd ganddi ddim Saesneg, dim ond
Sbaeneg a Chymraeg, ond y mae hi'n dairieithog bellach, wrth
gwrs.

*

Mae symud i fyw o un ardal i'r llall yn medru creu gwrthdaro
a theimladau cymysg weithiau. Y profiad gwaethaf yw gadael
ffrindiau a symud i ganol dieithriaid heb wybod beth sydd o'ch
blaen. Ond pan symudon ni o Grug-y-bar i Aberaeron ac yna
i Bennant fe gawson ni groeso tywysogaidd bob tro. Mewn
ffordd, mynd adre oeddwn i oherwydd yn Aberaeron ro'n i
wedi bod yn lletya gydag Wncwl Henry ac Anti Mari a oedd
yn cadw Gwesty'r Feathers. Fe brynodd Nhad ffermydd Ynys
Las ac Ynys Hir rhwng Pennant ac Aber-arth. Pan briododd
Myfanwy a finne fe symudodd fy rhieni i Ynys Las gan adael
Ynys Hir i ni'n dau, a dyma lle'r ydyn ni'n byw o hyd.

Yn y fro fe ges i fy nerbyn ar unwaith, a Myfanwy hefyd
yn ei thro, a dod yn rhan o'r gymuned dros nos, bron iawn.
Ymhlith y cymdogion croesawus roedd Mansel a Glenys y
garej; Tom a Ceridwen wedyn, pan oedd Tom yn gofalu am
fferm y Morfa Mawr; teuluoedd Gwrthafan a Thŷ Coch, Isaac
a Marged Ann ac Alun a Sheila; teulu Wern-llwyn wedyn.
Roedd gyda ni berthnasau yno eisoes cyn i ni symud, sef
teulu'r Wern-ddu, Ifan, Rhodri a Griff. Ac wrth gwrs, rhaid

enwi Tafarn y Ship, lle'r oedd Anti Pegi – er bod ein perthynas ni'n mynd yn ôl hyd at y nawfed ach – yn teyrnasu. Ac Anti Pegi oedd hi i bawb yn y fro hefyd.

Bryd hynny roedd y Swyddfa Bost a'r siop yn agored ac yng ngofal Joan Evans. Yno y byddai criw ohonon ni'n cwrdd i roi'r byd yn ei le. Roedd Huw, Meinir a Caerwyn yn blant y siop, o gwmpas y lle hefyd ond fe gaeodd y busnes yn 2010 ar farwolaeth Joan.

*

Gyda genedigaeth Dyfed, ein mab, yn 1981 daeth ein bywyd yn gyflawn. Fe aeth i'r ysgol leol ym Mhennant lle'r oedd Beti Williams (Griffiths wedyn) yn brifathrawes. Fe fu Beti a fi'n mynd i'r ysgol gyda'n gilydd yng Nghrug-y-bar.

Diolch i Beti a'i chynorthwy-ydd, Eira Evans, Glan-bran, Cross Inn fe gafodd Dyfed yr addysg gynradd orau posib. Yn anffodus fe gaeodd ysgol gynradd Pennant yn 2009, ac fe anfonwyd plant yr ardal i ysgol Cilcennin o hynny ymlaen.

Fe aeth Dyfed ymlaen i Ysgol Gyfun Aberaeron lle'r oedd Marina James yn brifathrawes wych, a chanddi staff arbennig o'i chwmpas. Fe basiodd Dyfed un ar ddeg o bynciau yn ei arholiadau TGAU a bu'n ffodus iawn o'i athro addysg gyfrifiadurol, Dai Lloyd, a roddodd gychwyn mor dda iddo ym maes cyfrifiadureg. Ac ym myd cyfrifiaduron roedd diléit Dyfed hefyd.

Fe fu ganddo fe ddiddordeb yn y cobiau hefyd a bu'n dilyn y sioeau yn dangos dan gyfrwy ac mewn llaw, ac fe gafodd gryn lwyddiant yn y maes, ond cyfrifiaduraeth oedd y diddordeb mawr. Pawb at y peth y bo, dydw i ddim yn deall braidd dim amdanyn nhw.

Fe dreuliodd Dyfed ei addysg chweched dosbarth yng Ngholeg Llanymddyfri gan letya gyda'i dad-cu a'i fam-gu. Yna, gan fod gan Brifysgol Stafford enw da mewn cyfrifiadura, fe aeth yno i orffen ei astudiaethau oherwydd roedd adran gyfrifiadureg newydd a blaengar wedi agor yno. Ro'n i'n falch iawn iddo ddilyn y fath gwrs, waeth mae gormod o bobol ifanc heddiw'n dilyn cyrsiau nad oes ganddyn nhw obaith caneri o gael gwaith ar ôl eu cwblhau. Ar ôl saith mlynedd gyda Tinopolis yn yr adran gyfrifiadurol, mae e bellach gyda chwmni cyfrifiadurol yn Abertawe.

Fi a'm merlen gyntaf i, fe'i cludwyd i Derwen Fawr gan Dai y Felin Llansawel.

Ar fy ngwyliau ar fferm Rhiwseithbren, Gwernogle, yng nghartre ffrindiau sef Sally, Ben ac Aelwyn. Scotty yw enw'r ceffyl a Bob yw'r ci.

Soar, Dihewyd, yn y bwthyn bach hwn y gwnes i fy nêl gyntaf erioed a chael y ci bach Two Bob.

Fi yn dysgu sut i feirniadu gyda Nhad yn Sioe
Caernarfon 1959.

Y tro cyntaf i fi ddangos yn y Sioe Frenhinol,
Gelli Aur, 1961 gyda Coedllys Stardust.

Derwen Rosina's Last, tipyn o farch.

Derwen Llwynog.

Fferm Ynys Hir, ein cartref presennol. Ry'n ni wedi bod yma am ddeugain mlynedd bellach.

Dyfed ar ei gaseg gynta, Mozelle.

Ar gefn ein ceffylau – fi ar gefn Derwen Dyma Hi a Dyfed ar Pry Bach Tew.

Cyflwynydd y rhaglen *Cefn Gwlad*.

Myfanwy gyda Derwen Tybed cyn ei hallforio i Ganada.

Tad a mam Myfanwy – Sid a Nel – gyda Myfanwy a Dyfed yn y Sioe Frenhinol.

Dyfed yn hysbysebu'r fridfa.

Ni'n dau ar ben mynydd Tregaron.

Teulu'r Arthurs, sef teulu Myfanwy, gyda'i gilydd. O'r chwith: Dat, Vivian, Myfanwy, Huw, Carwyn a Mam.

Derwen Rosa a Dyfed.

Cwpan Her Tywysog Cymru.

Derwen Groten Goch a enillodd y cwpan her dair gwaith.

Derwen Duke of York yn sioe
Abergwaun.

Derwen Replica ar y traeth yn Cei gyda
Karin yn marchogaeth – tynnwyd y llun
ar gyfer cylchgrawn.

Derwen Requiem yn Sioe Frenhinol a
Mary King sy'n marchogaeth.

Yn sioe Aberteifi gyda Derwen Princess.

Derwen Replica a fi.

Llun o Derwen Replica a fi a dynnwyd yng Ngholeg Llanbed ar gyfer calendr Bwrdd Datblygu Canolbarth Cymru.

Cwta y gath o Ynys Manaw.

Rex y ci.

Fi yng nghwmni'r Frenhines ar ôl i ni ennill Cwpan y Frenhines yn y Sioe Frenhinol yn 1983.

Yng nghwmni Gunn o Sweden – ffrind annwyl i ni a chwsmer arbennig.

Beirniadu mewn sioe.

Derbyn plât gan Arwel Jones cadeirydd ffair Aberaeron pan o'n i'n llywydd.

Derwen Replica ar *What's My Line?* gydag Angela Rippon, Karin ein prif ferch a Garth Crooks y pêl-droediwr.

Cyflwyno'r merlyn Highland Jinx gan y Gymdeithas Merlod a Chobiau Cymreig i Catherine Zeta Jones, yn y llun hefyd mae Dyfed Lloyd, yr Anrhydeddus Shân Legge-Boukre a bridiwr y merlyn Kathleen James.

Hen gardiau sioe dros y blynyddoedd.

Yr Amgueddfa yn Derwen gyda'r hen greiriau fferm a cheffylau.

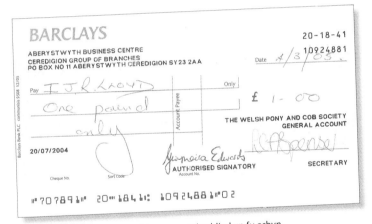

Y siec am bunt ges i fel iawndal am gamgyhuddiad yn fy erbyn.

Llond cwpwrdd o roséts – canlyniad yr holl sioeau mewn tymor.

Cynnal cyrsiau am baratoi ac arddangos cobiau yn Derwen.

Aneurin Jones yr arlunydd, Ifan Williams y milfeddyg, Myfanwy a finne yng nghegin Ynys Hir.

Gyda Syr Kyffin Williams ym Mhwllfanogl ar Ynys Môn.

Finne'n gwneud yr arwydd ar gyfer y Noson Lawen ar y fferm yn 2004. Dydw i ddim yn edrych yn hapus a sylwch, dydw i ddim yn lot o sillafwr chwaith.

Y Brodyr Gregory'n diddanu yn y Noson Lawen.

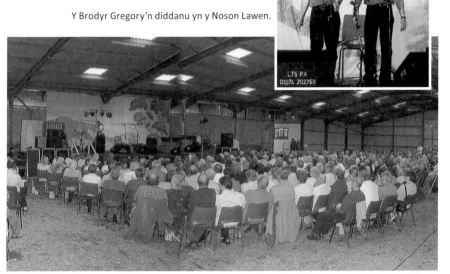

Cynulleidfa'r Noson Lawen yn y sied fawr.

Dydd agored mas yn y cae ym Mridfa Derwen.

COBIAU

O'r tair 'C', y cobiau ddaeth gyntaf. Codwyd fi yn sŵn rhythmau eu carnau, a'u gweryriad fyddai cloc larwm boreol fy mhlentyndod. Fedra i ddim cofio cyfnod heb gobiau, a hyd yn oed yn ystod y cyfnod hwnnw pan mai ceir oedd fy nghynhaliaeth, wnaeth y diddordeb yn y cobiau ddim diflannu.

Dim rhyfedd i fi wneud bywoliaeth o brynu a gwerthu ceffylau, waeth fe drawes i 'margen gyntaf yn bump oed. Fe es i ar wyliau at wncwl a modryb, rhieni fy nghefnder Eryl Pugh yn y Dyffryn, Dihewyd. Roedd cymdogion iddyn nhw'n byw gerllaw yn Soar ac yno fe brynais ast Jac Rysel am ddeuswllt. Bedyddiodd Mam yr ast yn Two Bob. Diolch byth na fu'n rhaid i fi dalu chwe cheiniog yn fwy, neu Hanner Coron fyddai ei henw!

Oedd, roedd bargeinio yn y gwaed mae'n amlwg. Yn llanc yng Nghrug-y-bar dyma sylwi ar ddau frawd o'r teulu Emanuel oedd yn casglu sachau gwag o fferm i fferm gan dalu swllt yr un – pum ceiniog yn arian heddiw – amdanyn nhw. A dyma fi'n cael syniad. Fe gynigiais gasglu'r sachau a'u cadw nhw er mwyn i'r brodyr eu casglu o fferm Derwen Fawr. Golygai hyn lai o drafferth a llai o deithio iddyn nhw. Wel, fe gytunon nhw gan dalu canran o'u helw i fi ar bob sach. Gan mai Nhad fyddai'n talu am ddisel y Land Rover ar gyfer casglu'r sachau, roedd hwn yn drefniant proffidiol iawn i fi. Ar nos Sadwrn fe fyddwn i'n mynd allan â llond waled o arian papur – rhywbeth anghyffredin iawn i fab fferm bryd hynny!

O ddyddiau plentyndod fe fyddwn i'n mynd gyda Nhad ar

siwrneiau prynu. Rwy'n cofio bod gydag e yn naw neu ddeg oed yn ardal Merthyr Tudful unwaith a sefyll gyferbyn â ffatri Hoover. Y comin cyfagos oedd y maes parcio bryd hynny ac yno roedd caseg wen a swclen o tani yn pori. Fe ffansïodd Nhad hi ar unwaith a dyma fi'n gofyn sut fedrai e ddod o hyd i'r perchennog oherwydd doedd neb o gwmpas y lle.

'Nôl yn y dre fe stopiodd Nhad y tu allan i ganolfan potelu llaeth. Fe feddyliodd y byddai rhywun yno'n siŵr o fod yn gwybod hanes y gaseg. Anfonodd Nhad fi draw, ac fe holais y dyn cyntaf a welais yno. Ro'n i'n swil iawn yn gofyn, ond er mawr syndod i fi, hwn oedd y perchennog. Bant â ni wedyn i dafarn yn Nowlais lle bu Nhad a'r dyn yn bargeinio am deirawr tra ro'n i yn y car yn sipian lemonêd a bwyta *crisps*. Fe brynwyd y gaseg y diwrnod hwnnw a'i gwerthu'n ddiweddarach i rywun allan yn America.

Fe fyddwn i'n mynd gyda Nhad wedyn ledled Cymru yn ystod y pumdegau i archwilio merlod er mwyn asesu a oedden nhw'n teilyngu cael eu cynnwys yn y llawlyfr a grewyd gan y Gymdeithas Merlod ar gyfer graddio a safoni. Un o'r rhai cyntaf dwi'n cofio ymweld â nhw oedd Gerwyn James a'r teulu o Rosmaen, Crymych oedd yn bridio ponis. O ganlyniad i hyn daethon ni'n ffrindiau agos sy'n parhau hyd heddiw.

Fel hyn, drwy fod yng nghwmni Nhad, ddois i adnabod cymeriadau ledled Cymru. Fe fyddai Nhad yn galw llawer yn ardal Brynaman, a'r ddau ohonom yn cofio cân fawr Bois y Blacbord a Noel John, 'Dros y Mynydd Du i Frynaman'. Yno y byddwn i'n cwrdd â chymeriadau fel Dylan Jones, Tomi Joci, Coth, Ian Oliver a Thomas Cwm Triwpit. Pobol oedden nhw oedd wedi bod yn magu merlod mynydd er pan oedden nhw'n blant.

Llinach yw'r gair allweddol i gobiau a merlod a llinach yw'r gair allweddol i'r rheiny sy'n eu magu hefyd. Ac yn hynny o beth rwyf innau'n dod o wehelyth gyfoethog, oherwydd roedd fy nheidiau, o'r ddwy ochr, yn ddynion cobiau.

Roedd fy nhad-cu ar ochr Mam, Dan Jenkins, a'i frawd ymhlith sefydlwyr Cymdeithas y Merlod a'r Cobiau Cymreig yn 1901 a'u cartref, Pentrefelin yn Nyffryn Aeron, yn enwog fel magwrfa i gobiau. Roedd Evan Lloyd, tad Nhad, yn ddyn ceffylau hefyd. Roedd e'n fridiwr cobiau ac yn cadw ceffylau Hacni a cheffylau trymion. Y canlyniad oedd bod fy rhieni, a minnau, wedi etifeddu'r diddordeb – roedd e yn y gwaed.

Mae yna stori dda am Tad-cu o'r adeg pan oedd e'n ffermio Blaenau Gwenog. Un dydd fe alwodd rhyw fachan a gofyn am waith ac fe ofynnodd Tad-cu iddo a fedrai e aredig. Medrai, atebodd yntau. A dyma Tad-cu'n rhoi prawf iddo fe gan ddweud wrtho am anelu'i aradr at bwynt arbennig, sef i gyfeiriad buwch oedd yn pori ar y banc. Pan ddychwelodd Tad-cu mewn sbel roedd y cwysi fel Spaghetti Junction. Wel, roedd yr hen fuwch yn crwydro wrth bori, wrth gwrs, a'r dyn oedd yn aredig yn anelu tuag ati o'r newydd gyda phob cwys.

Priodwyd Nhad a Mam ar 14 Mehefin 1928 yng nghapel Abermeurig. I Holland Park yn Llundain yn ardal Kensington a Chelsea aeth y ddau i ddechrau er mwyn rhedeg rownd laeth, neu, yn nhafodiaith sir Aberteifi, i gerdded wâc lath. Fe gawson nhw lety i ddechrau gydag Anti Olwen, chwaer Mam, ac Wncwl Dan. Roedd y llaethdy mewn siop gornel yn Islington yng ngogledd y ddinas. Enwyd y busnes yn Aeron Dairy. Symudwyd wedyn i siop gornel yn Chiswick ym mwrdeistref Hounslow yng ngorllewin Llundain.

Fe fyddai Nhad yn mynd ar ei rownd am hanner awr wedi pedwar y bore ac yna'n mynd ar rownd arall yn y prynhawn. Tra byddai ef ar y wâc lath fe fyddai Mam yn gofalu am y siop.

Cymerai bythefnos i gobyn ddysgu cerdded y rownd gan symud o dŷ i dŷ yn araf heb ei gymell. Doedd dim angen i Nhad wedyn fod yn y drol neu'n arwain pen y ceffyl. Fe fyddai'r cobyn yn cerdded yn naturiol o un tŷ i'r llall heb angen unrhyw arweiniad neu anogaeth. Byddai Nhad yn dechrau hyfforddi'r cobiau at y gwaith wedi iddyn nhw gyrraedd y pump neu'r chwech oed. Roedd y cobyn yn berffaith ar gyfer y gwaith oherwydd dyma'r ceffyl callaf sy'n bod. Dyna pam rwy innau'n mynnu, byth a hefyd, mai dyma'r brid o geffyl gorau yn y byd i gyd.

Fe ddychwelodd Nhad a Mam gydag Ifan yn blentyn i ffermio i'r Faenog Isaf, Dihewyd yn 1935 ac yno buon nhw tan 1938. Roedden nhw hefyd yn berchen ar fferm drigain erw Blaenwâc, ond fe werthwyd honno yn 1942 am £1,050.

Yn wir, am rai blynyddoedd wedi gadael Llundain bu Nhad yn anfon cobiau draw at berchnogion busnesi llaeth yn Llundain a Birmingham. Byddai e'n anfon y cobiau ar y trên o stesion Llanybydder, bump neu chwech ar y tro yn ôl y gofyn.

*

Symudwyd i Garth Villa, Dre-fach lle cefais i fy ngeni. Enwyd fi ar ôl Ifor, brawd Mam. Roedd e'n byw ym Mrynaeron, Abermeurig ac yn unol â thraddodiad y Jenkinsiaid, roedd e'n dipyn o fardd. Ag yntau dros ei bedwar ugain fe gyfansoddodd gerdd, 'Y Wyddor Amaethyddiaeth'. Mae gen i gopi ohoni o hyd:

A am Amaethyddiaeth, prif ddiwydiant y byd.
B am y Broblem o gael dau ben llinyn ynghyd.
C am y Cartref, y Celfi a'r Cloc.
Ch am Na Chwennych wraig dy gymydog na'i stoc.

D am y Defaid sy'n pori ar y twyn.

Dd am y Ddwy ddafad ddu sy'n magu eu hŵyn.

E am Ebrill, ond Mawrth a ladd ac Ebrill a fling

(A rhwng y ddau ni chefais i ddim.)

F am Fuches o wartheg godro a chael cyflawnder o laeth.

Ff am Fferm ar lawr Dyffryn Aeron, yn honno mae maeth.

G am y Goben Gymreig, morwyn fach at bob gwaith.

H am Hi hefyd a'n dysgai ar ein pleser daith.

I am Ionawr, mis cyntaf a'r oeraf o'r flwyddyn.

(Mis Bach sydd yn dilyn a daw'r hirlwm wedyn.)

L am Lewis, y gwas mawr, mae yn chwilio am wraig.

Ll am y llances benfelen sydd i gael ym Mhengraig.

M am Mis Mehefin, pryd y cyll y defaid eu cnaif.

N am y Nodi, y pitchmarch â'r hollt yn ei blaen.

O am Os i rai o'r ddiadell ddigwydd fynd ar goll.

P am y Perchennog sydd i ddweud y gweddill o'r nod.

R sydd am Ryfedd sylweddoli'r tlodi a'r caledi flynyddoedd yn ôl.

S am Sedd heddiw ar dractor, cabin uwchben, Dunlopillo dan ben-ôl.

T am Tro rownd ar fyd gyda dyfodiad gwerthu llaeth.

U am Uned hydrolig sy'n gyfleus at bob gwaith.

W am Wel nawr, rwy'n dod at ddiwedd fy ffraeth.

Y am Y pennill sy'n dilyn, ni wn pwy a'i gwnaeth.

Tri pheth sy'n dda gan hwsmon,
Cael pedwar tymor ffrwythlon
A gweld y teulu ar eu gwên
A chwrdd â'i hen gyfeillion.

Lle bach oedd Garth Villa, lai nag ugain erw. Ond roedd y tŷ a'r adeiladau eraill yn weddol newydd ac fe dalon nhw £1,250 amdano. Cadwyd Blaenwâc ymlaen am bedair blynedd arall. Yna prynwyd y Felin, tyddyn deunaw erw oedd yn ffinio â Garth Villa, ac fe godon ni'n pac unwaith eto a mynd i Grug-y-bar i fferm Ynysau, neu Derwen Fawr, fferm 104 erw am £5,000. Wedi hynny, fe brynon ni Tŷ'n Waun, Caeo, fferm fynyddig 195 erw am £3,000. Pan symudon ni i sir Gaerfyrddin roedd problem yno. Yn yr ardal rhwng Pumsaint a Chrug-y-bar roedd pum fferm yn cynnwys yr enw Ynysau. I Ynysau Isaf aethon ni. Roedd yna hefyd Ynysau Uchaf, Ynysau Morgans, Ynysau Richards ac yna Ynysau ger Pumsaint. Digon i greu dryswch a doedd dim dal i ba Ynysau yr âi'r post. Ac ar ben hynny fe fyddai pobol yn galw yn yr Ynysau anghywir byth a hefyd. Felly, fe benderfynodd fy rhieni newid enw'r fferm. Gan fod yna goeden dderwen drawiadol iawn yn tyfu gerllaw ar ben y lôn – mae hi yno o hyd – dyma nhw'n enwi'r lle yn Derwen Fawr. A dyna ble cafodd Bridfa Derwen ei rhagenw ar gyfer y cobiau.

Mae yna dro yng nghynffon y stori hon. Wedi i ni adael Crug-y-bar fe aeth Myfanwy 'nôl i gasglu mes o'r hen dderwen a'u plannu nhw ar y tir yma ym Mhennant. Fe gydiodd dwy, ac maen nhw'n dal i dyfu yma, yn blant i'r hen dderwen wreiddiol. Dydi mes ddim yn llesol i geffylau: yn wir, maen nhw'n medru bod yn niweidiol. Ond rwy'n teimlo fod y coed yn adleisio'r hyn wnaethon ni â'n cobiau, sef creu olyniaeth. Mae parhad y coed yn cyfateb i barhad llinach cobiau Derwen.

Ond fe fu bron iawn i fi beidio â gweld Crug-y-bar o gwbwl. Un o ffrindiau mawr Nhad oedd Doctor Worthington o Langeitho. Nid ef oedd meddyg y teulu ond roedd e a Nhad yn gyfeillion agos. Yn dair oed, roeddwn i'n dioddef o ryw aflwydd. O dan fy ngên roedd y croen wedi ymestyn yn goden fel balŵn, a hwnnw'n llawn crawn. Doedd doctoriaid y teulu yn Llanbed ddim i'w gweld yn poeni ryw lawer am y peth, felly, wnaeth fy rhieni ddim poeni'n ormodol chwaith.

Un nos Fawrth, yn dilyn Marchnad Llanbed, roedd Nhad yn nhafarn Troedrhiw gyda rhai o'i ffrindiau, a dyma'r Doctor Worthington yn cyrraedd. Nawr, fe wyddai Worthington yn dda am bob tafarn yn y sir, ond doedd dim gwadu ei ddawn feddygol. Roedd Dr Worthington yn enwog ymhlith pobol yr ardal ac yn annwyl iawn iddyn nhw fel meddyg heb ei ail. Bu'n feddyg ar faes y gad adeg y Rhyfel Mawr a rhaid ei fod wedi gweld pethau mawr iawn yno – doedd dim o'r fath beth â *post traumatic stress disorder* bryd hynny – ac mae'n debyg bod y ddibyniaeth ar alcohol yn ffordd o leddfu'r atgofion ac o ddygymod â bywyd wedi'r rhyfel.

Gofynnodd Nhad iddo beth hoffai i'w yfed. Fyddai'r doctor byth yn ateb mewn geiriau, dim ond gosod un, dau neu weithiau dri bys ar y cownter i nodi sawl jin oedd e'n mo'yn ac fe fyddai'r barman yn deall. Yn ystod eu sgwrs fe ddigwyddodd Nhad sôn am fy mhroblem i, sef bod gen i goden o dan fy ngên. Fe benderfynodd Worthington, er ei fod e wedi yfed sawl un yn fwy nag y dylai, y byddai'n mynd i 'ngweld i ar unwaith. Gofidiai Nhad ar ddau gyfrif; yn un peth, ofnai beth fyddai ymateb ein doctoriaid swyddogol ni; yn ail, roedd Worthington wedi cael llawer gormod i feddwl am yrru, heb sôn am gyflawni ei waith meddygol yn iawn.

Ond roedd hi'n rhy hwyr i ofidio am bethau fel hynny. Dyma Nhad yn cychwyn am adref a Worthington yn ei ddilyn. Hen Riley du mawr oedd gan y doctor. Wedi cyrraedd y tŷ roedd Nhad yn gorfod ei helpu drwy ei wthio i fyny'r grisiau. Ro'n i mewn crud pren, ac rwy'n cofio dihuno a gweld wyneb dieithr y doctor yn syllu arna i, yr hen het Trilby ar ei ben, ac mi fedra i wynto hyd heddiw arogl yr alcohol ar ei anadl. Yn wir, dyna beth anfonodd fi'n ôl i gysgu, synnwn i ddim.

Fe ofynnodd i Mam a gâi e fynd i stafell arall i gael amser i feddwl dros bethau. Cafodd fynd i stafell sbâr gerllaw. Mewn sbel dyma fe'n ôl ac fe ddychwelodd mor sobor â sant. Cododd y ffôn a rhoi galwad i'r ysbyty a mynnu fy mod i'n cael mynd i mewn ar unwaith. O fewn dwy awr ro'n i dan driniaeth lawfeddygol. Roedd e wedi ffonio 'i wraig, oedd yn fetron yn yr ysbyty yn Aberystwyth, a dweud wrthi beth i'w baratoi.

Doedd neb yn sylweddoli ar y pryd mor agos o'n i at farw. Mae'n debyg o fewn oriau'n unig, heb gael y driniaeth, byddai'r crawn yn y goden wedi cyrraedd y gwaed gan achosi septisemia, a Doctor Worthington achubodd fy mywyd. Bendith arno fe.

*

Ni fu fy alltudiaeth o sir Aberteifi'n un faith. Fe werthwyd Derwen Fawr a Thŷ'n Waun gerllaw am £33,000 yn 1962 a symudwyd 'nôl i sir Aberteifi ar ôl prynu busnes nwyddau haearn Compton yn Aberaeron yn 1962.

Er i ni adael, fe barhaodd y cysylltiad â Chrug-y-bar, ac mae'r cysylltiad hwnnw'n dal o hyd, ac yn para'n bwysig i fi. Yn wir, mewn angladdau fe fydda i'n ymwybodol iawn mai ar yr emyn-dôn draddodiadol 'Crug-y-bar' y cenir emyn mawr David Charles Caerfyrddin, sy'n cynnwys y llinellau anfarwol:

O Fryniau Caersalem ceir gweled
Holl daith yr anialwch i gyd ...

Mae llawer o hen ffrindiau'r ardal yn dal cysylltiad â ni heddiw, yn eu plith Dennis a Josie Bushby. Bu'r ddau'n byw ar y fferm drws nesaf i fferm Billy Fury, un o sêr pop mwya'r chwedegau. Fe gâi Billy ei gymharu ag Elvis ond fe fu farw'n ifanc yn 42 oed yn 1983. Roedd Billy'n ffond iawn o wylio adar, a dyna pam symudodd i gefn gwlad Cymru i fferm y Rhos. Fe gyfarfu Myfanwy a finne â Billy Fury hefyd. Roedd e'n fachan hyfryd a byddem ni'n cwrdd yn griw yn nhafarn y Bridgend Crug-y-bar, ac er bod Billy'n ganwr pop byd enwog, roedd e'n hoff iawn o'n clywed ni Gymry'n canu caneuon traddodiadol hefyd.

Yn y cyfamser, pan ymadawon ni â Derwen Fawr ro'n i'n astudio ym Mhibwr-lwyd ac yn Gelli Aur. Wedi i fi orffen fe alwyd fi adre i fod yn brentis yn y busnes. Yna fe brynwyd fferm Ynys Hir, rhwng Aber-arth a Phennant, sef y tyddyn 65 erw lle mae Myfanwy'r wraig a finne'n byw o hyd.

Yn 1965 pan ddaeth yr ail 'C' – sef y ceir – mewn i 'mywyd i a phan brynon ni Aeron Garage yn Aberaeron am £10,400, fe ychwanegwyd 61 erw o fferm Ynys Las gyferbyn ag Ynys Hir. Ar un adeg roedd tir Ynys Las wedi bod yn rhan o Ynys Hir, felly, fe ail-unwyd y tiroedd i bob pwrpas.

Pan werthwyd busnes Compton, fe brynodd Nhad fferm Falrona yn Felin-fach, lle'r oedd Anti Kitty, chwaer hynaf Mam, ac Wncwl Tom yn byw, ynghyd â chan erw o Esgair-arth. Roedd prynu a gwerthu yng ngwaed y teulu ac roedd fy nhad-cu, Evan Lloyd, wedi bod yn berchen ar bum fferm wahanol dros gyfnod.

Yn y cyfamser mae teulu Mam yn dal i ffermio fferm Pentrefelin. Mae yna stori ddiddorol am Jack, brawd Mam, pan oedd e'n ffermio yno adeg rhyfel. Un dydd, ychydig ddiwrnodau cyn Rasys Tal-sarn, fe alwodd menyw ddieithr yn gofyn a gâi hi fenthyg ceffyl ar gyfer y rasys. Gwyddeles oedd hi, menyw hardd, osgeiddig ac o natur braidd yn wyllt yn ôl ei golwg. Ond fe gytunodd Wncwl Jack ac fe gafodd fenthyg poni ifanc o'r enw Spitfire. Yn y rasys fe enillodd y fenyw ar Spitfire a dim ond wedyn y daeth Wncwl Jack i sylweddoli mai gwraig Dylan

Thomas oedd hi, Caitlin Macnamara. Roedd Caitlin yn lletya yn y Gelli, Tal-sarn tra oedd Dylan yn gweithio yn Llundain gyda'r Weinyddiaeth Wybodaeth yn ysgrifennu sgriptiau ar gyfer ffilmiau propaganda. Byddai Dylan yn dod lawr i dreulio ambell benwythnos yn Nhal-sarn weithiau.

Roedd yna gysylltiad clòs rhwng Dyffryn Aeron â theulu Dylan Thomas, wrth gwrs. Enw ei ferch oedd Aeronwy, a enwyd ar ôl yr afon. Yn ddiweddarach, des i adnabod Aeronwy'n dda wedi i'r ddau ohonom fod ar y daith honno i America gyda Chôr Pendyrus yn 1971. Byddai hi'n adrodd darnau o waith ei thad fel rhan o'r rhaglen ar y daith.

Mae fferm Pentrefelin yn allweddol i hanes y teulu ac i sefydlu a datblygu Bridfa Derwen. Cyn i Nhad a Mam briodi roedd Nhad wedi galw i weld Mam ym Mhentrefelin. Pan gyrhaeddodd fe welodd ei ddarpar dad-yng-nghyfraith ar ei liniau'n pacio rhifynnau o *Lyfr y Greoedd* neu'r *Stud Book*. Dyma oedd y cyhoeddiad blynyddol a fyddai'n feibl i bobol y cobiau – llawlyfr oedd yn nodi enwau'r holl gobiau yn ogystal â'u llinach. Bwriad Dan Jenkins oedd eu danfon i'r Llyfrgell Genedlaethol er mwyn eu cadw'n ddiogel. Doedd gan neb o'r bechgyn ar fferm Pentrefelin ddiddordeb ynddyn nhw, meddai yntau. Ond pan sylweddolodd fy nhad-cu fod gan Nhad ddiddordeb mawr mewn cobiau fe'u cyflwynodd nhw iddo fe, ac maen nhw yma hyd y dydd heddiw. Does dim diwrnod yn mynd heibio heb i fi bori drwy un neu fwy ohonyn nhw.

Y cof clir cyntaf sydd gen i am geffylau yw gweld y goben wreiddiol a roddodd fodolaeth i Fridfa Derwen, sef Dewi Rosina. Roedd hi wedi ei magu gan J. O. Davies, Pentrebrain, Llanddewibrefi. Gwerthodd J. O. Davies hi i ryw Mr Felix o Langeitho wedyn. Ar ryw fore o fis Ebrill yn 1944 roedd Nhad wedi mynd i Lanybydder i brynu hadau yn Sheffield House.

Roedd e ar fin cychwyn 'nôl am adre pan glywodd dinc pedolau yn nesáu ar hyd y lôn goed a arweiniai tua'r stesion bryd hynny. Byddai sŵn pedolau'n fiwsig i'w glustiau a fedrai e ddim peidio â mynd draw. Fe welodd rywun yn arwain caseg ddu, bert. Dyma fe'n taro bargen amdani cyn i'r gaseg fynd i'r farchnad. Talodd £97 am y gaseg a mynd â hi adre i Garth Villa.

Fe fu Dewi Rosina'n llwyddiannus iawn mewn gwahanol sioeau. Yn wir, fe ddaeth yn ail yn Sioe Frenhinol Cymru yn 1947. Prynu a gwerthu oedd Nhad ar fferm Dre-fach, waeth dim ond ychydig o dan ugain erw o dir oedd ganddo fe yno. Dim ond ar ôl symud i Grug-y-bar y sefydlodd Fridfa Derwen, wedi ei henwi ar ôl yr hen dderwen fawr honno a roddodd ei henw i'r fferm. Mae popeth fu gyda ni o hynny ymlaen yn mynd yn ôl at yr un gaseg hon. Y cyntaf i gael y rhagenw Derwen oedd Derwen Welsh Flyer a anwyd yn 1945, allan o Cymro Llwyd a Dewi Rosina.

Fe gafodd J. O. Davies, Pentrebrain ei gyhuddo ar gam gan rai o fod yn grintachlyd. Wnâi e ddim talu am wasanaeth march y tu allan i'w fridfa. Ond nid crintach oedd i'w gyfrif am hynny: yn hytrach bridio llinach oedd peth mawr J. O. Davies, sef bridio o'r tu mewn. Dyna fu ein hathroniaeth ninnau o'r dechrau hefyd.

Yn 1951 roedd y Sioe Frenhinol yn Llanelwedd, er mai sioe deithiol oedd hi bryd hynny. Y beirniad ceffylau oedd D. O. Morgan, Coed-parc. Fe ddyfarnodd Gwpan Siôr Tywysog Cymru i Bentre Eiddwen Comet gan osod Dewi Rosina yn is-bencampwr. Yn ddiddorol iawn roedd Rosina'n fam-gu i Bentre Eiddwen Comet yn ogystal â bod yn hanner chwaer iddo gan fod y ddau allan o'r un gaseg.

Ddwy flynedd yn ddiweddarach yng Nghaerdydd, ac Alfred Williams, Blaen-twrch yn beirniadu, fe newidiwyd y drefn.

Rosina, yn bedair ar bymtheg oed a enillodd y cwpan y tro hwn a'r ŵyr yn is-bencampwr. Disgrifiad y beirniad o Rosina oedd, 'Enghraifft berffaith o'i brid.'

Pan oedden ni'n dal i fyw ar fferm Dre-fach roedd Nhad wedi prynu ebol dyflwydd oed oddi wrth John Berry o Fetws-y-coed, sef tad Gwyn Berry. Fe aeth Nhad fyny i weld y march yng nghwmni Iorwerth Osborne Jones, Ystrad Meurig. Roedd ein teulu ni a theulu Osborne Jones yn ffrindiau agos iawn, ac fe fyddwn i'n aml yn mynd i fyny i chwarae gyda'r mab ieuengaf, Raymond, ddaeth yn gryn awdurdod ar y cobyn ei hun, gan edrych ymlaen yn arbennig at weld y trên yn pwffian heibio drwy'r cae islaw eu cartref, Henblas. Roedd y lein rhwng Aberystwyth a Chaerfyrddin yn dal yn agored bryd hynny. Yn ddiweddarach fe fu Raymond yn gyfrifol am y cylchgrawn *The Welsh Cob Review*: fe fyddwn i'n edrych ymlaen yn fawr at golofn Sherlock Jones – credai pawb, bron fod Sherlock Jones yn ddyn go iawn, ond Raymond oedd e.

Beth bynnag, fe ddilynodd Mr Berry fy nhad a Iorwerth lawr mor bell â'r Cross Foxes ger y Brithdir ac yno bu poeri ar law a tharo dwylo i selio'r ddêl. Fe enwodd Nhad y cobyn yn Llwynog y Garth, a phan ailagorwyd gwesty'r Cross Foxes gan Dewi Gwyn a Nicole yn gymharol ddiweddar fe es i fyny â llun o Lwynog i gofio am yr hyn ddigwyddodd yno ac mae e'n hongian ar y wal o hyd.

Roedd tad Derwen Welsh Flyer, sef Penlan Cymro Llwyd, yn fab i Benlan Cardi Llwyd wedi'i fagu gan Thomas Edwards Penlan Fawr, Cwmsychbant. Roedd Thomas Edwards yn fridiwr adnabyddus iawn yn ei amser. Eiddo i John Evans Bethania oedd Cardi Llwyd ac roedd y dyn a'r ceffyl yn perthyn yn glòs – yn wir, llysenw John oedd John Cardi Llwyd. Roedd y cobyn hwnnw'n mynd 'nôl at Mathrafal Eiddwen, oedd yn cael ei ddefnyddio gan J. O. Davies Pentrebrain. Mae'r cyfan fel y gwelwch chi, felly, mewn un cylch cyflawn.

Ail geffyl Bridfa Derwen oedd Derwen Welsh Comet, allan o Cahn Dafydd, a oedd yn eiddo i deulu Osborne Jones Ystrad Meurig, y cyfeiriais atynt eisoes. Fe anwyd Comet yn 1946 ac fe werthodd Nhad e yn 1951. Aeth y ceffyl mas i Bacistán. Y bwriad oedd y byddai hwn wedyn yn croesi â cheffylau lleol i gynhyrchu ceffylau marchogaeth polo i'r fyddin ym Mhacistán gan roi mwy o asgwrn iddyn nhw. Y pris a gafodd Nhad oedd £200, sy'n gyfystyr heddiw â £5,000. Mam Cahn Dafydd oedd Gwenogwen, caseg Nhad. Felly, unwaith eto roedd y cyfan yn gynwysedig mewn cylch bach o fridwyr. Hyd yn oed wedi i Cahn Dafydd gael ei werthu i fridiwr yn Lloegr, fe'i prynwyd 'nôl gan Fridfa Frongoy, Pennant.

Dylid nodi mai cynllun gwella'r bryniau ym Mhwllpeirian, Cwmystwyth oedd y 'Cahn Hill Improvement Scheme' a thrwy'r cynllun hwnnw y cafodd y ceffyl ei enw. Y gŵr y tu ôl i'r fenter honno oedd Moses Griffiths, arloeswr mawr ym myd amaeth a chenedlaetholwr i'r carn, yn rhan bwysig o'r fenter hefyd roedd Llew Phillips.

Ceir cyfeiriad at Gwenogwen yn *Llyfr y Greoedd 1939-1948*. Cyfunwyd blynyddoedd yr Ail Ryfel Byd mewn un gyfrol oherwydd y gwaharddiadau ar gyhoeddi, gyda llaw. Ond mae'r enghraifft hon eto'n tanlinellu mor gyfyng oedd y cylch bridio.

*

Anodd yw cymharu gwerth arian ar ddiwedd y tridegau ag arian heddiw, wrth gwrs, ond mae modd amcanu'n fras drwy gymharu ambell ddêl. Un dydd roedd Nhad wedi galw i brynu coben gyda Mr Jâms o fferm Morfa Mawr ger Llan-non. Roedd y fferm yn chwe chan erw ac yn un o ffermydd gorau'r sir. Tra oedd Nhad yno i drafod y goben fe gynigiodd Mr Jâms y lle cyfan iddo am £3,000, hynny'n cynnwys yr holl greaduriaid a'r peiriannau.

Yn 1938 roedd yna geffyl o'r enw Llethi Valiant yn Llannarth yn eiddo i'r teulu Richards. Fe enillodd y ceffyl yng Nghaerdydd pan gynhaliwyd Sioe Frenhinol Lloegr yno. Roedd prynwyr yno o Awstralia ac fe gynigiodd yr Awstraliad £5,000 am Llethi Valiant ond fe wrthodwyd y cynnig gan y teulu. Fel bridwyr yng Nghymru fe fuon ni'n ffodus iawn o hynny gan i Llethi Valiant fod yn gyfrifol am lawer o ddaioni ymhlith y cobiau. Mae cymharu pris gwerthu Morfa Mawr â phris gwerthu Llethi Valiant yn cynnig rhyw fath o amcan i ni ar werth arian bryd hynny.

Ro'n i tua'r deunaw oed cyn cael mentro am y tro cyntaf i'r cylch mawr yn y Sioe Frenhinol. Fe fyddai Nhad yn dilyn sawl mart, ac ym mart Tregaron ym mis Tachwedd 1960 fe gwrddodd â Davies Coed-llys, Llanilar. Yn ystod eu sgwrs fe ofynnodd Davies pam nad oedd Nhad wedi prynu ganddo erioed. Dyma Nhad yn gofyn iddo beth oedd ganddo i'w gynnig felly. Roedd ganddo fe swclod meddai e.

Felly, fe aeth Nhad yng nghwmni bois y Pant, Llanddewibrefi i Goed-llys i weld drosto'i hunan. A dyma Defi a Marian yn dod i fyny â'r ceffylau o'r rhos. Fe welodd Nhad swclyn oedd â thair modfedd o flew dros ei gorff, roedd e heb ei dynnu ac yn dal o dan ei fam. Gwnaed dêl amdano am bymtheg punt ar hugain a threfnwyd i Davies ddod â'r swclyn i Nhad ym mart Tregaron yr wythnos wedyn.

Doedd dim ceffylau ym mart Tregaron fel arfer ar y pryd, a phan welodd y mynychwyr y creadur bach blewog hwn, roedden nhw'n gwawdio Nhad yn ysgafn a thynnu ei goes. Roedden nhw o'r farn fod Nhad wedi methu ac wedi cael pethau'n anghywir am unwaith. Fe aethpwyd â'r swclyn adre, a phob penwythnos fe fyddai Nhad a fi'n mynd ag e lawr i afon Cothi ger Derwen Fawr. Roedd e wrth ei fodd yn rholio yn y dŵr. Yn y gwanwyn fe ddechreuodd y blew hirion ddod bant ac yn eu lle roedd blew byrion gyda gwawr o frithni arnyn nhw, ac fe drodd y swclyn bach blewog i fod yn geffyl brith wedi bwrw 'nôl genedlaethau.

Y flwyddyn wedyn yn 1961 roedd y Sioe Fawr yn Gelli Aur, lle'r o'n i'n fyfyriwr ar y pryd. Ac yno am y tro cyntaf fe ges i'r hawl i fynd i mewn i'r cylch mawr ac mae gen i lun i gofnodi'r achlysur. Fe'i tynnwyd gan Mam, a oedd wedi buddsoddi mewn camera bocs Brownie. Fe dynnodd Mam doreth o luniau gydag e dros y blynyddoedd.

Yr adeg honno doedd dim dosbarth ar wahân i ebolion ac ebolesau blwydd, un dosbarth oedd. A dyma fi nawr am y tro cyntaf yn y cylch mawr. Y beirniad oedd y cymeriad mawr hwnnw Dafydd Edwardes, Tanffynnon, Pen-uwch. Roedd yna un cystadleuydd, mae'n debyg, oedd yn ffyddiog iawn y byddai'n ennill. Ar y pryd yn nes i lawr y cylch mawr roedd ceffylau mawr yn cael eu marchogaeth, a'r rheiny braidd yn fywiog ar yr adeg yr es i mewn i'r cylch, a dyma'r ebol yn cyffroi ac yn strancio â'i gynffon ar ei gefn yn dangos ei hun wrth fynd o gwmpas. Roedd y ceffyl yn werth ei weld a doedd dim dewis gan Dafydd Edwardes ond ei dynnu i mewn yn gyntaf. Ond doedd Dafydd ddim yn hollol fodlon chwaith. 'Rwy am i chi fynd mas eto rhag ofan mai ffliwc o'dd hon,' meddai e. Fe wnes, ac ar yr union adeg, er mawr lwc i fi, dyma'r ceffylau mawr unwaith eto'n dechre carlamu o gwmpas. Ro'n i'n benderfynol nawr o ddangos nad ffliwc oedd y tro cynta, a wir i chi dyma'r gynffon i fyny dros ei gefn eto a'r ceffyl yn dangos ei hun ar ei orau. Mi enillodd y tro hwn, a dyna fuddugoliaeth fawr gyntaf Coedllys Stardust.

Mae yna grefft bendant i ddangos. Cofiwch, mae yna driciau hefyd a'r meistr oedd Jac Meiarth, Bwlch-llan. Tric arbennig Jac, petai e heb gael ei dynnu i mewn yn gyntaf neu'n ail, byddai'n sefyll i mewn beth bynnag. Yna, petai e'n cael ei herio fe fyddai'n ymddiheuro'n ddwys a dweud iddo fe gamgymryd arwydd y beirniad ac allan ag ef o'r cylch. Fe fyddai Jac, wrth gwrs, yn ennill yn gwbl haeddiannol, a hynny'n aml hefyd. Ond yn aml fe gâi drydydd pan na fyddai'r beirniad wedi meddwl ei wobrwyo i ddechrau. Oedd, roedd Jac Meiarth yn un o gymeriadau mawr byd y ceffylau.

Tric arall yw cael y cobyn i ddal ei gynffon i fyny ac roedd yna eli ar gael fyddai'n gwneud hyn, ond fyddai neb yn datgelu ei gynhwysion. Fe gâi'r cobyn ychydig o hwn wedi'i rwbio o dan y gynffon, dim ond smic yn unig cofiwch. Byddai'n llosgi ychydig a hynny wedyn yn achosi i'r cobyn godi ei gynffon. Un tro yn Sioe Crug-y-bar dyma fridiwr arall yn gofyn i Nhad a gâi e ychydig o'r eli ac fe gytunodd Nhad gan estyn llond jar o'r stwff iddo fe. Yn lle cymryd smic o'r eli, fe wthiodd hwnnw ei fys i waelod y jar a thynnu lwmp cyfan allan. Fe rwbiodd y lwmp tan gynffon ei gaseg. Ymhen ychydig eiliadau dyma'r gaseg fach yn codi ei chynffon bwt a dechrau teimlo effaith yr eli ond roedd e'n llosgi cymaint fel mai prin fedrai'r gaseg fach gerdded.

Yn 1962 roedd y sioe yn Wrecsam, ac fe enillon ni yno wedyn. Yna fe werthodd Nhad y ceffyl am bedwar can punt i Ann Wheatcroft, menyw amlwg iawn ym myd y cobiau. Ond mae gwaed Stardust gyda ni o hyd yn y cobiau, a thad Stardust oedd Pentre Eiddwen Comet, ŵyr i Dewi Rosina, felly roedd y darlun yn gyfan beth bynnag. Popeth fyddai Nhad yn ei brynu i mewn, roedd yn rhaid iddo fynd yn ôl at y gaseg ddu gyntaf honno brynodd e yn Llanybydder yn 1944, sef Dewi Rosina.

Un arall oedd yn rhan o'r patrwm oedd y Groten Ddu,

a anwyd yng Nghroesasgwrn, Llangyndeyrn. Ym mart
Llanybydder brynodd Nhad hon eto, oddeutu'r chwedegau
cynnar oedd hi, a roedd hi'n globen o gaseg. Bu farw hen bobol
Croesasgwrn a'r gaseg wedi'i gwerthu ymlaen, ond roedd hi'n
methu â magu a'r rheswm am hynny oedd ei bod hi'n rhy dew.
Yn wir roedd hi'n or-dew. Dyna pam y llwyddodd Nhad i'w
phrynu hi am bum punt a deugain. Fe benderfynodd Nhad ei
throi hi mas i'r rhos ar fferm arall oedd ganddon ni yng Nghaeo,
sef Tŷ'n Waun.

Fe olygodd y ffaith bod y Groten Ddu mas ar y rhos ei bod
hi wedi colli pwysau nes ei bod hi fel sguthan. Wedyn fe aeth
Nhad â hi fyny at John Hughes yn Rhyd-las ac at Pentre Eiddwen
Comet ar ryw nos Sul yn lori Dai Davies, y Felin, Llansawel. Ond
am ei bod hi'n nos Sul châi'r gaseg ddim march am fod John yn
benderfynol na châi gwaith ei wneud ar y Saboth. Bu'n rhaid
aros tan wedi hanner nos. Fe gymerodd y gaseg ar unwaith, ond
am ei bod hi mor gynnar yn y flwyddyn fe anwyd y swclen yn
gynnar hefyd ac yn anffodus fe ddaliodd niwmonia ac fe'i collon
hi. Ond fe lwyddodd y gaseg i eni mwy wedi hynny.

Disgynnydd arall oedd un oedd yn mynd 'nôl i gaseg
adnabyddus y bu Lloyd Jones Ystrad Dewi, yn ei dangos, sef Teify
of Hercws. Roedd hi'n eiddo i Evans y Siop yn Llanddewibrefi.
Roedd yna ffynnon yn seler y tŷ, a dyna darddiad enw'r tŷ a'r siop
sef Dewi Well.

Un arall sy'n allweddol yw Derwen Derwena allan o Derwen
Rosina a Llwynog y Garth, march Nhad. Fe werthwyd Derwen
Derwena i Evans Cefngornoeth, Llangadog a daeth yn gaseg
sylfaen iddyn nhw. Daniel, mab teulu Cefngornoeth, ddaeth i'r
adwy pan dorrodd fy nghar lawr ar lethrau'r Mynydd Du ar fy
ffordd i Eisteddfod Aberafan yn 1966 ac achub fy nghroen os
cofiwch chi.

Caseg arall mas o Dewi Rosina oedd Derwen Martha. Fe werthodd Nhad honno i'r Brodyr Burton o Fanceinion, teulu o dras sipsiwn. Fe brynodd y Brodyr Burton Derwen Martha ar gyfer rasys trotian. Yn gymharol ddiweddar fe fu farw penteulu'r Burtons ac fe'i claddwyd e ar ben mynydd, ac yn ôl traddodiad y sipsiwn llosgwyd ei garafán.

Fe fues i'n marchogaeth Derwen Martha ar ôl cŵn hela, ac un nos Sadwrn, a phawb arall call allan yn mwynhau, ro'n i a Chynydd Helfa Cothi – sef y dyn oedd â gofal y bytheiaid – fyny uwchben Cwrt y Cadno yng nghanol glaw a finne'n meddwl fod siŵr o fod rhywbeth gwell i'w wneud ar nos Sadwrn. Dyna'r tro ola i fi fod mas yn hela.

Fe werthwyd Llwynog y Garth yn Sioe Llandeilo ar ddechrau'r pumdegau i Dil Thomas o Gastell-nedd ac fe fu'n llwyddiannus iawn mewn llaw ac mewn harnais. Roedd Nhad yn bendant yn gwbod ei stwff.

Cyn i ni symud o fferm Derwen Fawr fe ddaeth Rosina â naw o swclod, yr olaf pan oedd hi'n naw ar hugain oed. Ond yn anffodus fe foddodd y swclen fach; blociodd y nant ac fe gronnodd y dŵr yn ôl ac fe foddodd y creadur bach.

Rhaid cofio, wrth gwrs, fod yna ddyletswyddau ar wahân i drin ceffylau ar y fferm, yng Nghrug-y-bar ac ym Mhennant. Nid dim ond ceffylau oedd ar y fferm. Roedd ambell i orchwyl yn ddigon diflas hefyd. Fel cyn-redwr roedd y diddordeb yn dal gen i mewn mabolgampau. Mae gen i achos da i gofio Mabolgampau Olympaidd Barcelona yn 1992, a hynny nid yn unig am i Linford Christie ennill yr aur yn y can metr, ond roedd criw ohonon ni wrthi'n sbaddu eidonau ifanc, a fi oedd â gofal y crut gan reoli'r eidonau drwy ddefnyddio'r bar i'w gollwng drwodd yn eu tro. Roedd dau yn fy helpu, sef Alun Nant-yr-ast a Twm Tŷ Capel. Ymhlith y creaduriaid roedd un gweddol fach a oedd yn groesiad o Limousin, a chyn i fi gael cyfle i'w atal dyma fe'n anelu'n syth amdana i. Fe daflais i'r bar tuag ato ac fe achosodd hynny iddo fe wyro digon i'n osgoi i, er iddo fy hitio yn fy ochr. Roedd Twm newydd gael llawdriniaeth ar ei galon, sef *triple by-pass*, ac fe drodd yr eidion a syllu ar Twm yn syth i'w lygad. Doedd Twm ddim am gymryd unrhyw siawns a bant â hwnnw fel mellten drwy'r sied. 'Twm,' meddwn i, 'petai Linford Christie yn dy herio di heddiw, fyddai ganddo fe ddim gobaith.' Gall, fe all sbaddu eidonau fod yn hen fater digon poenus. A hynny nid yn unig i'r eidonau!

*

Roedd Mam wedi colli tipyn o'i hiechyd erbyn i ni symud lan i Bennant. Dyna pam symudon ni mewn gwirionedd. Barn y meddyg oedd y byddai awel y môr yn llesol iddi, ac mae awelon Bae Aberteifi'n chwythu'n rheolaidd dros y tiroedd o gwmpas, credwch chi fi. I Nhad, dod adre oedd hyn, wrth gwrs; ar ôl cyfnod yn Compton House yn Aberaeron y symudon ni gyntaf i Bennant, i fferm Ynys Hir. Yn fuan wedi i Nhad a Mam symud 'nôl yn 1963, fe gafwyd llwyddiant yn y Sioe Frenhinol gyntaf i'w chynnal ar y safle parhaol – fe gawson ni ail gyda'r Groten Ddu.

Ceffyl ac enw arall sy'n gysylltiedig â hanes y fridfa yw Mathrafal a fridiwyd gan Meyrick Jones o ardal Meifod. Roedd wedi ei werthu i Gwil Evans a'i dad o Langollen. Fe ddaeth Gwil Evans a'i dad ag e i Lanybydder i'w werthu, ac ymhlith y rhai oedd â diddordeb yn ei brynu oedd Ifor Richards o ardal y Bont-faen, a'i gefnder Dil Thomas. Yn wir, aeth yn frwydr bidio rhyngddyn nhw a rhywun arall ac fe aethon nhw fyny i £83 cyn i Ifor dynnu allan. Ond fe aeth Dil am un cynnig arall o bunt ychwanegol, ac fe'i cafodd.

Roedd Ifor Richards yn ffermio yn Nhre-os ger y Bont-faen, ac ychydig ar ôl prynu Mathrafal fe werthon nhw ddarn sylweddol o dir i gwmni Ford i godi eu ffatri yno. Yn 1952 fe enillon nhw yn y Sioe Frenhinol pan oedd y sioe yng Nghaernarfon gyda Gwilym Morris o Aberhonddu'n beirniadu. Fe werthon nhw Mathrafal i fferm Frongoy wedyn. Fe fyddwn i'n galw'n aml gydag Ifor Richards yn Nhre-os ar fy ffordd adre o fod yn ffilmio neu ar wahanol ymweliadau yn y de ddwyrain. Yn 1976 fe gysylltais ag Ifor i ofyn a oedd ganddo fe unrhyw beth oddi wrth Mathrafal ar ôl. Fe wyddai am farch yng Nghoed-tre-hen rhwng Porth Talbot a'r Rhondda. Roedd hwnnw'n bedair ar hugain oed erbyn hynny, ac enw'r ceffyl oedd Cefn Parc Boy, rhif 2151, ac fe'i prynais. Doedd e ddim wedi cael ei ddefnyddio ar gyfer cenhedlu, dim ond ar gyfer hela.

Lawr â fi, ac yno'r oedd yr hen geffyl wedi ei glymu wrth bostyn yn y sied. Fe lwyddais ar ôl cryn haglo i'w gael e am £110 yn y diwedd. Fe'i rhoddwyd ar y gaseg Derwen Telynores, ond doedd hi ddim yn ymddangos fel petai'r uniad yn un ffrwythlon. Ond cofiais gyngor Nhad flynyddoedd cyn hynny. Roedd e'n gredwr cryf yn Doctor Green, dyna oedd ei enw ar borfa. Fe drowyd y march i bori, a'r canlyniad fu iddo fe fod yn gyfrifol am naw o swclod ac mae ei ddylanwad e ar y fridfa hyd heddiw. Ymhlith ei blant roedd Derwen Dameg, a enillodd Gwpan Tywysog Cymru i ni yn 1989.

Un dydd yn 1962 fe aeth Nhad heibio i Mr Williams, fferm y Rhandir, Llangwyryfon ac fe ffansïodd swclen ddu oedd yn pori yn y cae. Fe'i prynodd hi am £45 a'i henwi'n Derwen Rosina. Roedd hon eto'n mynd 'nôl i'r gaseg wreiddiol ac fe fu hi'n llwyddiannus iawn. Fe enillon ni'r Cwpan Her deirgwaith gyda hi yn 1966, 1967 a 1968, hynny yw, deirgwaith yn olynol.

Gwrthododd Nhad gynnig o £5,000 amdani, ond yn anffodus fe'i collon ni hi'n ifanc.

Roedd Derwen Rosina eto'n ferch i Cahn Dafydd a hwnnw mas o Fathrafal. Ganwyd Derwen Queen a Derwen Seren Teledu iddi. Enwyd honno, gyda llaw, am fod y cyfryngau yma'n ffilmio ar y pryd ac wedi gofyn am gael ffilmio march. Roedd John Hughes wedi dod draw â Pentre Eiddwen Comet ar yr union adeg roedd y gaseg yn gofyn march, a'r canlyniad oedd Derwen Seren Teledu. Fe werthwyd mab i Teledu, sef Derwen Telynor, i Nelson Smith i roi cychwyn ar Fridfa Trevallion yn Coventry.

Mab arall i Rosina oedd Derwen Llwynog. Pan oedd e'n ddyflwydd oed fe'i gwerthwyd e gan Nhad i fenyw o'r Alban, enw hon oedd Mrs Beaumont ac roedd hi'n fodryb i brif ganwr y band Fleetwood Mac. Yn 1974 fe ddaeth hi â Derwen Llwynog 'nôl i arwerthiant yn Llannarth ac fe brynodd Myfanwy a fi e 'nôl. Roedd ymhlith y cobiau cynta i lwyddo i gwblhau'r Golden Horseshoe Long Distance Ride ar draws Exmoor a gychwynnodd yn 1975, sef taith dros bellter o hanner can milltir. Ers hynny mae'r pellter wedi ei ymestyn ymhellach fyth.

Yn 1964 fe brynodd Nhad geffyl ym Mridfa Nebo gyda Geraint a Mari Jones o'r enw Nebo Black Magic, a'r march hwn eto mas o Pentre Eiddwen Comet, ac yn perthyn yn agos i'r gaseg wreiddiol hefyd. Fe oedd tad llawer o'r stoc llwyddiannus fuodd gyda ni wedyn. Ac yn 1973 fe enillodd i ni Gwpan Her Tywysog Cymru.

Y flwyddyn ganlynol fe wahoddwyd Nhad i feirniadu yn Llanelwedd ond fe'i cymerwyd e'n sâl ac fe ofynnwyd i fi fynd yn ei le. Tipyn o fraint a thipyn o dasg oedd ceisio llenwi ei sgidiau e, fel gallwch chi ddychmygu. Yn gynta fe osodais i Mr Thomas o Dal-y-bont gyda'i ebol blwydd Brynymor Welsh Magic, ceffyl melyn oedd hwn allan o Nebo Black Magic. Fe brynodd Nhad a fi'r enillydd wedyn. Roedd e'n dod allan o un o fridfeydd hyna'r byd, o bosib, sef Cwmhwylog yn New Cross, sef Hwylog Shirley. Roedd Mr Thomas wedi prynu'r gaseg oddi wrth dad a mam Richard a Buddug. Fe ddaeth e â honno lawr aton ni i gael gwasanaeth gan Nebo Black Magic, a'r ebol hwn, Brynymor Welsh Magic, fu'r canlyniad. Mae llinach y bridwyr yn parhau drwy mab brawd Mr Thomas, Eirian Thomas, Llanwnnen.

O fewn blwyddyn neu ddwy wedi i ni brynu Brynymor Welsh Magic, fe werthon ni fe ymlaen i Peter Grey o Fridfa Thorneyside. Fe gafodd hwnnw arwerthiant yn 2012 ac fe werthwyd un o ddisgynyddion Brynymor Welsh Magic am £22,000 yn arwerthiant Llanelwedd. Felly, yn ogystal â pharhau llinach ein bridfa'n hunain, ry'n ni wedi bod yn gyfrifol am lwyddiant mewn amryw o fridfeydd eraill.

Yn 1981 fe gawson ein chweched llwyddiant gyda'r Cwpan Her, y tro hwn gyda Derwen Rosinda, merch i Nebo Black Magic a Derwen Seren. Derwen Rosinda oedd unig goben Derwen i gael ei llun ar glawr y cylchgrawn *Horse and Hound*.

Yn 1983 a 1984 fe enillodd Derwen Princess y Cwpan Her i ni ddwywaith yn olynol. Unwaith eto, disgynnydd i Nebo Black Magic ac i Derwen Queen oedd hon. Y flwyddyn wedyn enillwyd Coron Driphlyg y cobiau wrth i Derwen Viscountess dod i'r brig. Derwen Queen oedd y fam unwaith eto a'r tad, Derwen Rosina's Last. Yna daeth Coron Driphlyg o fath arall wrth i Derwen Groten Goch gipio'r wobr deirgwaith, yn 1986, 1990 a 1992. Merch oedd hon i Derwen Llwynog a Derwen Groten Ddu. Meddai G. E. Evans o Fridfa Dyfrdwy, sef y beirniad, yn 1986 amdani, 'Dw i erioed wedi beirniadu caseg sy'n symud yn well.'

Yn y cyfamser, rhwng y llwyddiannau hyn, yn 1989, fe enillodd Derwen Dameg, sef epil Cefn Parc Boy a Derwen Duchess, brif bencampwriaeth y Sioe Frenhinol yn Llanelwedd a hefyd y Sioe Frenhinol yn Lloegr yn yr un flwyddyn. Tair buddugoliaeth ar ddeg i gyd, felly tipyn o gamp.

Er bod Myfanwy a finne wedi cymryd at y fridfa pan briodon ni roedd busnes y garej yn dal i fynd â llawer iawn o'm hamser ar y pryd. Yn 1985 ar ôl gwneud penderfyniad sydyn i roi'r gorau i redeg y garej y penderfynodd Myfanwy a finne droi'n ôl o ddifrif at yr unig faes arall wydden ni unrhyw beth amdano, sef cadw cobiau. Y syniad nawr oedd ehangu'r busnes a mynd ati i brynu a gwerthu fel y gwnaeth Nhad yn y pedwardegau. Roedd cobiau wedi bod yma gydol yr amser, ond nawr roedden ni am fynd ati o ddifri.

*

Pa mor hyddysg bynnag yw rhywun mewn bridio a gwerthu cobiau, mae ffawd yn dal yn bwysig. Bod yn y lle iawn ar yr amser iawn yw'r tric. Mae'n ystrydeb efallai, ond mae'n berffaith wir. Roedden ni mewn arwerthiant yn Llanelwedd tua deng mlynedd ar hugain yn ôl. Fe ddaeth ceffyl arbennig i mewn i'r cylch – roedd e yn llinach un o'n ceffylau ni – ac fe sylwon ni ar griw o fenywod ifanc gyferbyn â ni oedd yn amlwg â'u bryd ar ei brynu; ac fe lwyddon nhw hefyd.

Y flwyddyn wedyn fe aethon ni i sioe Rhandir-mwyn, ac yn y sioe honno, o dan gyfrwy, roedd yr union geffyl a welon ni yn yr arwerthiant yn Llanwelwedd. Roedd y fenyw a brynodd y ceffyl yn dal i fod yn ddieithr i ni, ond dyma hi'n troi at y brif ferch oedd gennym yn ein cynorthwyo ar y pryd, Karin Fjeldbo o Ddenmarc, ac yn gofyn i honno am ychydig o wersi reidio cyn mynd ag e i'r cylch. Fe gytunodd Karin ac fe enillodd y ceffyl. Roedd y perchennog mor hapus, fe'n gwahoddodd ni i'r Royal Oak am ddiod i ddathlu.

Yno y gwnaethon ni ddarganfod pwy oedd y ferch, sef Ari Ashley, merch-yng-nghyfraith Laura Ashley. Fe ddaeth hi a'i gŵr Nick – mab Laura – yn ffrindiau mynwesol i ni. Flwyddyn yn ddiweddarach roedd gennym ni ddiwrnod agored yma ar y fferm a channoedd wedi troi allan. Tuag awr cyn cychwyn y digwyddiad fe ganodd y ffôn. Ari oedd ar y ffôn yn holi ynghylch y diwrnod agored, roedd hi am wybod a oedd yna le cyfagos addas lle medren nhw lanio. Hynny yw, ro'n nhw'n bwriadu dod draw yn eu hofrennydd! Roedd ganddyn nhw dŷ haf yn ardal Llanelwedd, ac mewn ychydig dros hanner awr ro'n nhw gyda ni. Roedd gweld hofrennydd hyd yn oed bryd hynny'n ddigwyddiad anarferol, ac i'r bobol yn y diwrnod agored roedd gweld yr hofrennydd yn glanio yn y cae nesaf yn rhywbeth anhygoel.

Ymhen ychydig flynyddoedd roedd Ari ar y ffôn eto yn gofyn a fydden ni'n fodlon gwerthu ceffyl drosti, yr union geffyl a fu'n gyfrifol am ddod â ni at ein gilydd. Roedd hi'n disgwyl plentyn a Nick wedi dweud na fyddai yna ddim mwy o farchogaeth nes geni'r plentyn. Fe wnaethon ni'r hyn ofynnodd hi, a hynny'n ddi-dâl. Fel arwydd o'i diolch fe ddywedodd Ari ei bod hi'n mynd â ni allan i ginio i westy ei thad-yng-nghyfraith, neu fel y dywedodd hi, 'Daddy's hotel'. Nawr fe wyddwn i mai Syr Bernard Ashley oedd hwnnw ac fe gawson ni ein hunain yn Neuadd Llangoed ger Erwood ym Mhowys.

Pan gyrhaeddon ni, dim ond Ferraris a Lamborghinis oedd i'w gweld ym mhobman. Roedd mab i ffrind i ni'n digwydd gweithio yno fel *concierge*, a gwaith John Thomas oedd tywys pobol i mewn i'r gwesty a sicrhau croeso boneddigaidd iddynt. Doedd e'n ddim byd iddo gael sawl papur hanner canpunt yn ei law fel cildwrn, a'r tipwyr gorau meddai e oedd y Tseineaid. Cofiwch chi, roedd pobol gyffredin fel ni yno hefyd, ac yng nghanol pawb roedd un o ffrindiau mawr Syr Bernard, dyn a elwid yn Dai the Milk o'r Drenewydd.

Yn fuan wedi i ni fynd ati o ddifri gyda'r cobiau fe gychwynnon ni ehangu ein gorwelion. Yn 1986, flwyddyn ar ôl i ni gychwyn y busnes, fe aethon ni â chaseg o'r enw Derwen Tawela allan i sioe ryngwladol yn Aachen yn yr Almaen ac fe enillodd honno bencampwriaeth y cobiau yno. Roedd swclyn bach o tani o'r enw Derwen Tennessee Express, hwnnw eto'n mynd 'nôl i'r gaseg ddu wreiddiol. Fe ddaeth dynes o Sweden, Gunn Johansson, draw aton ni i sgwrsio. Fe brynodd hi'r swclyn ac wedi iddo gael ei dynnu yn yr hydref fe ddaeth hi draw i'w nôl, a hi yn anad neb arall fu'n gyfrifol am lwyddiant y cobyn yn Sweden.

Tua'r un cyfnod, ganol yr wythdegau, fe aethon ni a bridwyr eraill mas i Ermelo yn yr Iseldiroedd i arddangos cobiau Cymreig yn y sioe ryngwladol a oedd yno'r flwyddyn honno. Roedd gen i gobyn o'r enw Derwen Replica ac fe dynnodd rhyw Almaenwr ei lun allan yn Ermelo. Yn ddiweddarach fe ddaeth yr Almaenwr hwnnw draw i Bennant a dechrau prynu cobiau gyda ni. Dyna pryd wnes i ddarganfod mai glöwr oedd e, Jurgen Wiemers, nes iddo fe gael y syniad o greu mowldiau concrit, y math a welir wrth ochrau traffyrdd. Cychwynnodd fusnes yn cynhyrchu'r mowldiau concrit a bu'n llwyddiannus iawn gan ddod yn filiwnydd. Fe brynodd Jurgen un ar ddeg o feirch oddi wrthon ni dros y blynyddoedd.

Yn 1985 fe werthon ni geffyl i Ffrainc, sef Derwen Duke of York. Doeddwn i ddim am ei werthu, ond roedd angen adnewyddu to'r tŷ arnon ni. Yn anffodus, cyn bod yn gymwys am grant roedd amodau'n mynnu fod yn rhaid i ni gael to fflat, felly fe werthes i'r swclyn am bris tebyg i'r hyn fyddai cost adnewyddu'r to. I Derwen Duke of York, felly, mae'r diolch am y to cadarn sydd uwch ein pennau ni.

Y pâr a brynodd y cobyn oedd Robert a Christine Granger o Ffrainc. Yn ddiweddarach fe brynon nhw *château*, a rhoi stop ar ddilyn y sioeau a phrynu ceffylau, felly, fe hedfanes i allan i Ffrainc a phrynu'r ceffyl 'nôl. Roedd hynny'n amod gen i pan brynon nhw Derwen Duke of York, os byth bydden nhw am ei werthu, mai fi gâi'r cynnig cyntaf.

Dim ond Ffrangeg oedd gan Robert, a finne heb ddim ond yr ychydig Ffrangeg carbwl a ddysgais yn yr ysgol. Un bore fe ofynnodd Christine, oedd yn feddyg, a hoffwn i ymweld â gwinllan. Fe neidiais i at y cyfle. Bant â ni, fi a Robert, yn ei hen Citroën 2CV, car a oedd yn fwy addas i hipi nag i filiwnydd. Gyda help geiriadur fe ddaethon ni i ben yn iawn. Wyddwn i ddim ble fyddai pen y daith, a dyma ni'n cyrraedd rhyw dref o'r enw Épernay a gweld arwydd Moët et Chandon yn rhif 20 Avenue de Champagne. Mewn â ni lle'r oedd partïon o bump ar hugain yn cael eu llywio drwy'r safle gan dywysydd. Ond yn ein hachos ni fe ddaeth un o gyfarwyddwyr y cwmni draw a mynd â ni o gwmpas yn bersonol, oherwydd roedd e a Robert yn ffrindiau drwy eu diddordeb mewn ceffylau.

Welais i erioed mo'r fath le yn fy myw. Roedd 26 miliwn o boteli'r flwyddyn yn gadael oddi yno. Fe welson ni'r broses gyfan yn digwydd o'r dechrau hyd at y poteli'n cael eu troi, sef rhywbeth oedd yn digwydd bob dydd. Ac yna i fyny â ni i Stafell Napoleon, yno, mae'n debyg, y byddai'r ymerawdwr yn ymlacio cyn mynd i ryfel drwy yfed shampên. A thu allan i'r ffenest roedd yr union goeden ywen a dyfai yno yn nyddiau Napoleon. O'n blaen ni ar y bwrdd roedd magnwm o Dom Perignon. Ond roedd brecwast yn dal i bwyso ar fy stumog i ac fe fu'n rhaid i fi fodloni ar un llond gwydr. 'Tawn i'n gwybod, fe fyddwn i wedi mynd heb frecwast!

Un tro, heb ddim rhybudd fe gefais alwad ffôn oddi wrth

Americanwr. Ei enw oedd Owen G. Glenn ac roedd e a'i wraig Suzanna yn ffonio o Abergwaun ac ar fin gadael Cymru ar ddiwedd eu gwyliau. Ei neges oedd na fedrai ffarwelio â Chymru heb weld cobiau Derwen. Roedden nhw wedi ymweld â siop hen greiriau oedd yn cael ei rhedeg gan ffrind i ni, sef Barri Thomas, dyn camera adnabyddus a hwnnw wedi sôn wrthyn nhw yn llawn afiaith am ein ceffylau ni. Diwedd yr hydref oedd hi ac ar ôl iddyn nhw alw a mynd adre dyma alwad ffôn arall. Owen oedd yno eto, y tro hwn roedd Owen wedi penderfynu ei fod am brynu cwpwl o gobiau i Suzanna yn anrheg Nadolig. Fe'u hedfanwyd nhw allan, swclyn a swclen, o Heathrow i America i ddathlu'r Nadolig. A dyna'r cyntaf o nifer brynon nhw oddi wrthon ni.

Pâr priod arall a agorodd ddrysau tramor i ni oedd Penti a Kirsty o'r Ffindir. Y drefn oedd fy mod i'n mynd ag wyth o geffylau draw i borthladd Harwich i gyfarfod â Penti. Byddai yntau'n cyfarfod â fi yn ei lori ar y llong, wedyn fe fydden ni'n llwytho'r ceffylau yn y llociau cwarantîn ac yna fe fyddai e'n mynd â'r lori a'r ceffylau draw gydag e. Llong i gludo coed oedd hi a'r lori wedi ei hadeiladu'n bwrpasol ar gyfer cludo nifer o geffylau ar y tro.

Fe werthon ni geffylau i Ddenmarc wedyn nes oedd disgynyddion Dewi Rosina mewn sawl gwlad ar draws Ewrop. Erbyn hyn ry'n ni wedi allforio i ddeunaw o wledydd, yn cynnwys gwerthu un cobyn i Japan. Ydy, mae enw Derwen wedi mynd yn fyd-eang bellach.

Mae'r modd y cawson ni fynediad i'r farchnad yn Malta yn hanes diddorol hefyd. Digwyddodd hynny drwy'r gantores Eirioes Thomas, Tregaron, oedd yn byw yn Malta ar y pryd, ac fe gawson ni archeb am ddeugain o ferlod mynydd. Y darpar brynwr oedd rhyw Mr Cassar, y prif ddyn o ran mewnforio unrhyw anifail i Malta. Yn wir, châi'r un anifail ganiatâd i lanio ar yr ynys heb sêl ei fendith ef. Câi Mr Cassar ei adnabod fel 'Mr Animal Man'. Fe deithiais i ledled Cymru am bythefnos neu dair wythnos yn prynu'r merlod ar gyfer Malta. Bu Magan Jones, Taiforgan ger Pwllheli yn gymorth mawr yn hynny o beth.

Daeth rhywun i wybod am yr archeb hon ac fe ddywedwyd wrth yr awdurdodau y byddem yn allforio'r ceffylau o dan amodau anffafriol, gan eu cludo mewn fan transit. A dyma gwestiynau lletchwith yn dechrau codi. Ond fe gafodd y swyddogion iechyd a diogelwch anifeiliaid syndod eu bywyd o weld lori a thrêlyr anferth yn cyrraedd. Roedd y cerbydau mor fawr fel y bu'n rhaid eu datgymalu cyn y medren nhw ddod i mewn i'r clos. Y tu mewn i'r cerbydau roedd mansieri ar gyfer bwydo'r merlod a dŵr yn rhedeg ar gyfer eu disychedu, popeth ar gyfer lles a iechyd yr anifeiliaid – contractwyr o'r Iseldiroedd oedd perchnogion y cerbydau – ac fe gâi'r merlod eu cludo mewn moethusrwydd. Diwallwyd gofynion y swyddogion yn llwyr.

Rwy'n cofio hwylio i mewn i Dover unwaith a chael stop gan swyddogion y tollau. Fe ddywedais i nad oedd gen i ddim byd i'w ddatgan. Roedd dwy o'r merched oedd yn gweithio i fi yn cario poteli o wirod yn rhoddion, a dyma nhw'n datgan hynny i'r awdurdodau. Fe gawson nhw'u harchwilio'n fanwl ac fe agorwyd pob sachaid o fwyd y ceffylau i chwilio am unrhyw beth oedd wedi'i smyglo. Ychydig yn ddiweddarach dyma'r swyddogion yn sylwi fod dau drêlyr anferth yn cario offer y grŵp UB40 wrth ein hymyl yn y ciw, ac yn sydyn y rheiny oedd y prif darged. Fe dynnwyd y ddau drêlyr bron iawn ddarn wrth ddarn.

Fe ddaeth yr allforio hyn bron iawn yn ffordd o fyw i ni. Des i adnabod prif borthladdoedd y cyfandir yn dda; y mwyaf anodd oedd porthladd Hambwrg, mae hwnnw mor fawr ag ambell dref. Y tro cyntaf i fi gyrraedd yno fe fu'n rhaid i fi gael cymorth gyrrwr arall i ddilyn y ffordd allan. Heb i hwnnw fy arwain, fe fyddwn i'n dal i fod yno! Yn ffodus iawn rwy'n deithiwr da, ar fôr neu yn yr awyr – yn arbennig ar y môr. Fe fu llawer o'r teulu o ochr Nhad yn forwyr ac rwy'n ystyried bod yr heli yn fy ngwaed i raddau. Roedd gan hen dad-cu i fi long oedd yn mewnforio calch a nwyddau eraill i borthladd Aberaeron. Rwy'n cofio Myfanwy a finne, a Dyfed yn un bach, yn dod mewn i dywydd garw iawn ym Mae Biscay, storm graddfa deg, a phawb o'r teithwyr, bron, yn sâl, heblaw amdana i.

*

Ry'n ni'n dal yn fwy dibynnol ar y farchnad gartref, wrth gwrs, yn arbennig y farchnad leol. Fe werthon ni Derwen Royal Express i un o dadau bedydd Dyfed, Roy Davies, Tregâr. Ac fe werthwyd Derwen Black Magic i dad bedydd arall Dyfed, Gareth Evans, neu Gareth Blaengors, y bridiwr enwog o Fridfa Hewid, Dihewyd.

O 1985, pan rois i'r gorau i'r garej, hyd at 2008, gwerthu'n breifat fyddwn i fwyaf gan ddibynnu ar ein henw da ni, a byddai'n cylch prynwyr yn ehangu wrth i ni gael ein cymeradwyo. Des i oedran medru cael tocyn rhad ar y bysys yn 2008 a dyma Myfanwy'n mynnu ein bod ni'n torri lawr ar nifer ein ceffylau. Ro'n i'n gwybod ei bod hi'n iawn ac fe ailystyriwyd y ffordd roedden ni'n gweithio.

Un agwedd ar fridio ac arddangos na chaiff ei gwerthfawrogi'n ddigonol yw pwysigrwydd gof neu ffarier da. Fe brofais i hynny'n bersonol yn un o sioeau Môn. Fe fyddwn i'n mynd yno'n rheolaidd, ac yn wir, roedd Sioe Môn yn y Fali yn un o ddyddiadau pwysica'n calendr ni. Byddwn i'n awyddus i fynd yno beth bynnag fyddai'r amgylchiadau.

Fel arfer fe fyddwn i'n teithio i fyny i Sioe Môn y noson cynt. Un tro fe fethais y fynedfa am y sioe. Roedd hi'n hanner awr wedi pump, a hyn yn yr amser cyn i'r ffordd newydd gael ei gosod. Roedd y drafnidiaeth am Gaergybi mor drwm fel iddi gymryd awr a hanner i ni cyn medru troi'n ôl.

Y gŵr a fu'n gyfrifol am gyhoeddiadau dros yr uchelseinydd am flynyddoedd oedd Wil Huw, tad Edna, cyn-Lywydd y Sioe, ac un o'r prif swyddogion o hyd. Un flwyddyn roedd gen i geffyl tan gyfrwy o'r enw Derwen Two Rivers, fe'i bedyddiwyd â'r enw hwnnw am reswm arbennig. Anaml iawn y bydden ni'n mynd y tu allan i'r fridfa i gael gwaed arall. Roedd gen i geffyl o'r enw Rhystyd Flyer wedi ei fagu gan deulu Harris Mabws-hen ac roedd yna afon yn yr ardal honno fel yn ardal Derwen, ac fe ges i'r syniad o ddwy afon yn dod at ei gilydd i genhedlu'r ceffyl hwn. Yn wir i chi, roedd e'n geffyl arbennig a than gyfrwy, roedd e bron iawn yn ddiguro.

Yn y sioe ym Môn roedd y cystadlu yn y dosbarth ar fin cychwyn a Karin Fjeldbo, ein prif ferch ni yn y fridfa, yn reidio Derwen Two Rivers. A dyma hi'n gweiddi arna i fod y ceffyl wedi taflu pedol. Roedd hi'n argyfwng. Mae'n amhosibl mynd â cheffyl â thair pedol i gystadleuaeth gan fod hynny'n bwrw'i gydbwysedd yn llwyr.

Draw â fi fel mellten at Wil Huw a dweud wrtho am y broblem ac fe alwodd hwnnw am y ffarier dros yr uchelseinydd. Fe ddaeth hwnnw draw ar fyrder a phedoli'r ceffyl. Yn wir, fe enillodd y ceffyl y gystadleuaeth. Fe fues i'n ffodus y tro hwnnw, ac fe allai'r ffarier fod yn brysur oherwydd yn aml iawn bydd cystadleuwyr, yn hytrach na phedoli rhag blaen, yn defnyddio ffarier swyddogol y sioe i bedoli eu ceffylau adeg y sioe. Un rheswm am hynny yw bod y gwasanaeth am ddim!

Fe olynwyd Wil Huw gan Emyr Jones o Fridfa Esceifiog, tadyng-nghyfraith Nia Thomas y gohebydd ar Radio Cymru. Owen Griffiths o Fridfa Ilar sydd wrth y gwaith erbyn hyn, ŵyr i deulu Davies Ffosbompren, Llanilar. Mae pob un o'r gwŷr bonheddig hyn yn ddynion â blynyddoedd o brofiad a llwyddiant yn eu dilyn.

Yn 2012 fe ges i'r anrhydedd o fod yn siaradwr gwadd yng nghinio blynyddol Sioe Môn. Roedd y Tywysog William yn bresennol yn y sioe yn wir mae Aled, y Prif Weithredwr, wedi cael ei fedyddio'n Syr Aled gennym ni erbyn hyn! Diwedd y stori yw i ni roi Two Rivers i Karin pan ymadawodd hi â ni a mynd adref i Ddenmarc ar ddechrau'r nawdegau. Hi oedd wedi ei dorri i mewn a gweithio arno, ac mewn ffordd ei cheffyl hi oedd e.

Ond ydy, mae sicrhau gof da yn bwysig. Pan oedd Nhad yn byw yn Garth Villa yn Dre-fach yn y pedwardegau ac yn berchen ar ddim mwy nag ugain erw, roedd e'n dibynnu ar brynu a gwerthu ceffylau am ei fywoliaeth, ac yn wir fe werthodd amryw o geffylau i bobol rowndiau llaeth yn Llundain. Un dydd fe aeth i arwerthiant ar ryw fferm neu'i gilydd, ac roedd e'n hwyr yn cyrraedd pan welodd fod colier i mewn yn y cylch gwerthu. Ceffyl bach, cryf yw'r colier, tua phedair llaw ar ddeg oedd yn ddelfrydol gynt ar gyfer gweithio dan ddaear. Fedrai Nhad weld dim ond y pen a'r gwddf, ac roedd yr hyn a welai'n plesio. Fe lwyddodd Nhad i'w brynu am £42, sef tua £1,600 yn arian heddiw. Fe glywodd ambell un yn chwerthin, a phan welodd e'r ceffyl yn glir fe sylweddolodd fod carnau blaen y creadur druan yn troi tuag i mewn. Fe aeth Nhad yn syth at y gof, Wil Rhyd-y-bont, Llanybydder. Fe archwiliodd hwnnw'r ceffyl a phroffwydodd Wil y cymerai dair pedolad cyn llwyddo i unioni'r carnau. Roedd e yn llygad ei le ac fe werthodd Nhad y colier am £150 ym Mart Llanybydder. Dyna werth gof oedd yn deall ei waith.

Wedi i ni symud i Grug-y-bar, ein gofaint oedd teulu'r Morganiaid, Ffaldybrenin, sef teulu Shân Cothi. Tad-cu Shân, ei thad Dai ac erbyn hyn mab hwnnw, sef Eirian, brawd Shân, fu yn yr olyniaeth yno. Gall presenoldeb gof fod yn dyngedfennol. Yn Sioe Frenhinol 1983 ro'n i eisoes wedi ennill prif bencampwriaeth y cobiau Derwen Princess oedd y gaseg, ac fe gafodd fynd ymlaen wedyn i ryw fath ar uwch bencampwriaeth drannoeth. Ond roedd un o'i phedolau'n rhydd, felly, dyma alw ar Dai yn Ffarmers, a draw ag e ar unwaith gydag Eirian y mab. Ac am hanner awr wedi chwech y bore wedyn roedd y ddau, ynghyd â Joan, mam Shân, yno.

Am flynyddoedd wedi i ni symud i Bennant, bu Emlyn Lewis a'i fab Brian yn ofaint i ni. Dyna i chi bencampwyr eraill yn eu gwaith. O fewn yr efail yn Aberystwyth roedd ganddynt lu o luniau ceffylau gwedd oedd yn creu casgliad arbennig iawn.

Ar achlysur pen-blwydd Myfanwy flynyddoedd yn ôl fe luniodd Emlyn bedol bres iddi yn anrheg. Rwy'n deall fel lleygwr fod y fath dasg yn un anodd a hynny oherwydd ansawdd y defnydd crai. Fel arwydd o ddiolch iddo, mi fentres fel hyn:

> Pedol aur a'i graen yn glo,
> Yn anrheg nad â'n ango.

Y ceffyl olaf i ni gymryd yno i'w bedoli oedd Brynymor Welsh Magic, a fagwyd gan y diweddar annwyl D. J. Thomas Tal-y-bont, neu Tomos y Troi, allan o gaseg a fagwyd gan deulu Rowlands o fridfa enwog Hwylog. Roedd y pedolau wedi eu gosod, a'r ceffyl yn barod i fynd adre. Wrth i mi fynd allan ag ef i'r stryd, daeth bws Crosville anferth tuag atom heb arafu, a chafodd y ceffyl y fath ofn fel iddo droi a neidio drwy ffenest yr efail! Ymateb diplomataidd y gof oedd, 'Roedd eisiau ffenest newydd ers blynyddoedd.' Diolch i'r drefn, ni chafodd na dyn na cheffyl ddim anaf y tro trwstan hwnnw.

Gof arall fu'n ein gwasanaethu oedd Cemaes Evans, a fu'n byw yn Nhal-sarn am flynyddoedd a rhedeg Bridfa Cathedine yn Aberhonddu wedyn. Wedyn buom ni'n defnyddio Huw Williams, Tal-sarn. Ers blynyddoedd erbyn hyn, Daniel Thomas o'r Gors-goch oedd yn of i ni. Roedd tad-cu hwnnw'n pedoli i nhad-cu innau ac mae mab Daniel, Rhodri, yn dilyn yn y traddodiad.

Yr un mor bwysig â gof da yw milfeddyg y medrwch chi ddibynnu arno. Cyfeiriais eisoes at filfeddygon lleol fel Ifan Williams a Tom Herbert. Dylwn gyfeirio at un arall hefyd, er nad oedd hwn yn lleol. Roedd Rhisiart ap Owen yn bartner ym Milfeddygfa Fyrnwy yn Llanymynech. Bu'n astudio yng Nghanada ond dychwelodd er mwyn magu ei blant yn Gymry. Fe achubodd Rhisiart ap Owen sawl creadur i ni, ac fe awn i mor bell â mynnu nad ydw i erioed wedi cyfarfod â neb â mwy o wybodaeth am drin ceffylau. Un o'i gryfderau oedd na wnâi e gyffwrdd â'r un creadur arall ond am y ceffyl – roedd yn arbenigwr llwyr.

O ran Ifan Williams, neu Ifan y Fet, mae e wedi ymddeol bellach ers wyth mlynedd, ond mae ei fab, Eifion, wedi ei olynu. Gallai Ifan droi ei law at unrhyw greadur. Ac am Tom Herbert, Aberaeron, wel, fe fyddai angen cyfrol gyfan i wneud cyfiawnder â hanes hwnnw. Roedd e'n unigryw.

Ond rwy'n gofidio ychydig am sefyllfa milfeddygaeth heddiw. Yn gyntaf mae gofynion y cymwysterau'n llym iawn. Cyn cael mynd ymlaen i astudio mewn coleg mae'n rhaid cael tair 'A' gyda sêr, a merched yw trwch y myfyrwyr sy'n dod yma atom ni am brofiad gwaith. Yn wir, merched ydyn nhw bron yn ddieithriad. Mae trin caseg sy'n cael trafferth i eni cyw yn medru bod yn orchwyl corfforol iawn ac fe all fod yn ormod o her i ferch. Fe fyddwn i'n amcangyfrif fod wyth deg y cant o fyfyrwyr milfeddygol heddiw yn ferched ac nid bod yn secsist ydw i. Mae e'n ffaith bod gofynion corfforol reit eithafol i fod yn filfeddyg.

Mae merched ym mhob maes addysgol yn tueddu i wneud yn well na bechgyn, ond y mae yna eithriadau. Rai blynyddoedd yn ôl roedd bachgen o'r ardal hon, Dyfrig Williams, yn awyddus i fynd i faes milfeddygaeth oherwydd gwelwyd fod ganddo ddawn arbennig gydag anifeiliad. Cafodd fynd i Goleg Milfeddygol Lerpwl, a nawr mae e'n bartner mewn milfeddygfa yn Ninbych ac yn fawr ei barch yno. Ond rwy'n ofni nad oes digon o fechgyn yn mynd i'r maes yn gyffredinol.

Dros y blynyddoedd mae myfyrwyr o bob rhan o'r byd wedi bod yma gyda ni'n ennill profiad gwaith y mwyafrif o wledydd Prydain, wedi dod drwy arweiniad Mina Davies Morrell, sy'n darlithio yn y coleg yn Aberystwyth. Yn ogystal â chael profiad gwaith gwerthfawr, mae dwsenni o'r myfyrwyr tramor wedi dysgu Saesneg drwy ymdrechion Myfanwy. Mae hynny'n rhan o'n cwricwlwm ni, gyda Myfanwy i ddechrau yn eu hyfforddi drwy ddysgu geiriau defnyddiol bob dydd cyn ehangu'r hyfforddiant i bethau mwy ymarferol.

Yn achos cymdoges i ni yn Aber-arth, sef Inga, merch o Rwsia sydd wedi priodi â bachgen lleol, mae Myfanwy wedi llwyddo i'w dysgu i siarad Cymraeg yn rhugl mewn dwy flynedd. Mae hi'n ffoli ar geffylau ac wrth ei bodd yn dod draw yma i farchogaeth. Fe ddechreuodd alw bob bore dydd Sul a chael gwersi Cymraeg gan Myfanwy ac mae hi bellach yn siarad chwe iaith a Chymraeg yn un ohonynt.

Mae'r myfyrwyr fu gyda ni dros y blynyddoedd wedi bod yn gymorth mawr i ledaenu enw Bridfa Derwen ledled y byd. Ar un adeg fe fyddai myfyrwyr oedd yn byw gyda ni am flwyddyn yn astudio ar gyfer arholiadau NVQ. Fe fyddwn i wedyn yn dysgu sgiliau ymarferol iddyn nhw fel dangos mewn llaw neu dan gyfrwy a Myfanwy'n dysgu rheolaeth stabl iddyn nhw, a hynny dan nawdd y Gymdeithas Ceffylau Prydeinig a'r NVQ drwy Goleg Ceredigion. Fe âi llawer ymlaen wedyn i astudio mewn gwahanol brifysgolion. Erbyn heddiw fe fyddwn ni'n derbyn un neu ddau am ychydig wythnosau ar y tro.

Mae'r myfyrwyr hyn yn ddiolchgar iawn i ni, ond ry'n ni yr un mor ddiolchgar iddyn nhw gan eu bod nhw'n mynd 'nôl â'n henw da ni i'w gwledydd wrth ddychwelyd adre gan sicrhau cyhoeddusrwydd byd-eang. Mewn ffordd maen nhw'n dod â'r byd aton ni ac yna'n mynd â ni mas i'r byd.

Mae'r we a'r rhyngrwyd yn gyfryngau pwysig erbyn hyn, wrth gwrs. Rwy'n cofio cael y ffôn symudol cyntaf yn 1985. Ffôn poced yw'r enw gan lawer arno ond roedd hwn yn llawer rhy fawr i fynd i boced neb. Roedd e'n anferth. Fe ddaeth cwpwl o Loegr, Paul Taylor a Stephanie Edwards, yma aton ni i brynu cobiau a minnau newydd gael ffôn wedi ei osod yn y lori. Roedd Paul yn gweithio yn y maes cyfathrebu gyda'r Post Brenhinol ac fe wyddai gryn dipyn am y sefyllfa gyfathrebu. Proffwydodd na fyddai fy ffôn symudol, o fewn ychydig flynyddoedd, fawr mwy o faint na bar o siocled. Chwerthin mewn anghrediniaeth wnes i, ond roedd e'n iawn: maen nhw'n llai na hynny hyd yn oed erbyn heddiw.

*

Mae ambell gobyn allan o Derwen wedi ymddangos ar deledu. Yn 1981 roedd gan Hywel Gwynfryn gyfres a olygai ei fod ymweld â gwahanol siroedd Cymru. Ymhlith y canolfannau galw roedd Theatr Felin-fach, ac fe ffoniodd rywun o'r rhaglen yma'n gofyn a awn i ag un o'r cobiau draw yno. Wedi'r cyfan, roedden nhw yn sir y cobiau, felly, fe es draw â Replica.

Ym mis Tachwedd oedd hyn, a'r dydd yn tywyllu'n gynnar. Trefnwyd i fi ddod â'r cobyn i mewn drwy le cyfyng iawn yn y cefn tra roedd Hywel yn annerch y gynulleidfa yn y theatr. Roedd Hywel yn wynebu'r gynulleidfa gan esgus na wyddai fy mod i a Replica y tu ôl iddo. Roedd yn fath o sioe ar ddull pantomeim, a Hywel yn gresynu nad oedd cobyn yno er ei fod e yn sir draddodiadol y cobyn. A dyma chwarae gêm.

'Does yma'r un cobyn!' gwaeddai Hywel.

'O, oes mae e!' gwaeddai'r plant.

'O, nad oes yna ddim!' gwaeddai Hywel yn ôl.

A dyma'r ceffyl, fel petai'n ymateb i giw gan y cyfarwyddwr, yn camu ymlaen ac yn rhoi pwt i Hywel yn ei ysgwydd â'i drwyn. Amseru perffaith.

Fe'n gwahoddwyd ni i fyny i stiwdios y BBC yn Llundain wedyn i gymryd rhan ar *What's My Line?* Unwaith eto roedd y ceffyl gyda ni yn y stiwdio. Angela Rippon oedd yn cyflwyno ac ar y panel roedd Garth Crooks, y pêl-droediwr, Jilly Cooper, y nofelydd a Roy Hudd, y comedïwr. Fi oedd yr ola o'r cystadleuwyr ac fe ges i fy nisgrifio'n syml i'r gynulleidfa, heb i'r panel glywed, fel bridiwr cobiau.

Roedd angen cael deg o gwestiynau a chynigion aflwyddiannus gan y panel i fi ennill. Ond gyda dau gwestiwn ar ôl fe lwyddodd Jilly Cooper i gael yr ateb cywir – roedd hi'n fenyw ceffylau, wrth gwrs. Fe arweiniwyd Replica ymlaen wedyn ac fe safodd yno o flaen y camera fel petai'n gwneud hynny bob dydd o'i fywyd. Ac ar unwaith, ar y ciw unwaith eto, fe drawodd un droed ar y llawr. Perffaith!

Mae amryw wedi gofyn i fi p'un yw fy hoff gobyn o blith holl gobiau Derwen. I fi, Replica yw'r cobyn hwnnw. Yn anffodus fe'i collwyd pan oedd e'n ddim ond un ar bymtheg oed. Ond mae ei ddylanwad yn parhau ac, fel sy'n rhyfedd, mae'r dylanwad hwnnw'n mynd yn gryfach.

Roedd popeth gan Replica, yr uchder, y safiad, y pen perffaith wedyn. Pan aeth e'n sâl fe aethon ni ag e at Rhisiart ap Owen, Llanymynech. Roedd e'n dioddef o fath ar *botulism*. Mae'r salwch yn tarddu'n aml o rywbeth sydd mewn silwair, ac mae e'n niweidiol i geffyl ond heb gael dim effaith ar fuwch. Yn 1994 oedd hyn a doedd yna ddim cyffuriau mewn stoc ar gyfer trin ei gyflwr. Fe lwyddon ni i hedfan cyffuriau i mewn o America, ond roedd hi'n rhy hwyr erbyn hynny. Fe'i collwyd yn llawer rhy ifanc.

Mae dylanwad Replica i'w weld bedair gwaith ar basbort un o'n cobiau presennol, Derwen Reason, sy'n bump oed. Mae Replica felly yn byw a'i nodweddion i'w gweld nawr yn ei orwyres – seren wen ar y talcen, er enghraifft, ond bod gan Derwen Reason bedair socen wen: dwy ôl oedd gan Replica.

Myfanwy enwodd Reason. Mae ganddon ni arferiad o enwi'r swclod ag enw sy'n dechrau â'r un llythyren â llythyren gyntaf enw'r fam. Enw'r fam yn yr achos hwn yw Rhyfeddod. Pan anwyd hon fe ddywedais wrth Myfanwy mai hon, mwy na thebyg, oedd yr orau i ni ei magu erioed. Ei hateb syml hi oedd, 'Dyna'r rheswm pam ydyn ni yma.' A dyma'i henwi hi yn Reason.

Ddiwedd y saithdegau fe ffilmiwyd rhaglen o'r enw *Cob Country* ac fe ges i gyfle i sgwrsio am nodweddion y cobyn. Un cwestiwn a ofynnwyd i fi oedd pam galw sir Aberteifi yn Wlad y Cobie? Fe atebais yn syml, 'Mae e fel hyn: mae'r Senedd yn Llunden, mae'r cobie fan hyn.'

Mae unrhyw beth sy'n rhoi sylw i'r cobiau a'r merlod mynydd Cymreig i'w groesawu, ac un syniad da oedd hwnnw gafwyd

gan yr ysgrifenyddes Evelyn Jones, a ymunodd â Chymdeithas
y Merlod a'r Cobiau Cymreig ar ôl bod yn ysgrifenyddes
Cymdeithas y Gwartheg Duon Cymreig. Fe gafodd Evelyn y
syniad o gyflwyno merlyn i Dylan, plentyn Catherine Zeta Jones
a Michael Douglas. Doedd y ferch, Carys, ddim wedi ei geni bryd
hynny. Am syniad da.

Fe gawson ni gyfarfod yn gyntaf â Dai Jones, tad Catherine,
yn Abertawe. Fe gymerodd hwnnw at y syniad ar unwaith. Fe
chwilion ni am y merlyn mynydd tawelaf fedren ni ei ffeindio
drwy anfon cylchlythyr at yr holl aelodau. Ychydig iawn a
atebodd ond fe lwyddon ni i ffeindio un addas gan aelod o'r
Gymdeithas, Mrs Kathleen James a'i gŵr Colin ym Mridfa
Highland. Fe ostyngodd hi bris y merlyn i ni, ei enw oedd
Highland Jinx a oedd yn mesur 11.2 llaw a threfnwyd cyflwyno'r
merlyn yng Nghaerdydd i Catherine yn bersonol. Fe gostiodd
£10,000 iddi i gludo'r merlyn draw i'w ransh hi a Michael yn
Arizona.

Pan ffoniodd Evelyn Catherine yn Los Angeles gofynnodd
i'r actores a oedd ganddi ardd fawr. Doedd hi ddim yn deall
am sbel, ond wedi iddi ddeall pwrpas gofyn y cwestiwn, roedd
hi wrth ei bodd gyda'r syniad gan ei bod hi'n hoff iawn o
geffylau – ac roedd ei gardd hi'n hen ddigon mawr, wrth gwrs.
Roedd hyn yn golygu torri tir newydd i'r gymdeithas gan mai'r
unig rai i gael ceffylau'n rhoddion cyn hynny oedd aelodau o'r
teulu Brenhinol. Fe dalodd y syniad ar ei ganfed gan i ni gael
cyhoeddusrwydd anferth o'i ôl.

Cam arall ymlaen fu gweithredu syniad a gafodd Myfanwy.
Awgrymodd y dylid dewis llysgennad ifanc i'r Gymdeithas yn
flynyddol. Fe luniwyd tlws arbennig ar gyfer yr enillydd ar ffurf
telyn, y fframwaith wedi'i wneud gan Robin Upton o Giliau
Aeron. Fe luniwyd y gwaith gwydr lliw gan Richard Molyneaux

o Lundain, mab i gyfnither i fi. Y cyntaf i ennill oedd rhywun
o'r Alban, ac un enillydd lleol o'r ardal hon oedd Owen Griffiths
o Fridfa Ilar, Llanilar.

*

Er bod y canu, y cobiau a'r ceir yn cynrychioli tri gweithgaredd
cwbl ar wahân, fe fu yna gysylltiad agos yn ystod y
blynyddoedd diweddar rhwng y canu a'r cobiau. Penderfynodd
Myfanwy a fi y byddem yn mynd ati i godi arian at wahanol
elusennau drwy drefnu nosweithiau llawen.

Gan fy mod i'n adnabod cymaint o sêr y llwyfan a'r sgrin
yng Nghymru, fe gawson ni'r syniad o gynnal nosweithiau o
adloniant yma yn sied fawr y fridfa. Fe gychwynnon ni gyda
noson i godi arian at bentref Pennant. Fe lwyddon ni i godi
£500, swm bach digon sylweddol o fentro am y tro cyntaf.

Fe godon ein golygon wedyn a mynd am rywbeth mwy
uchelgeisiol. Yn 1994 fe gynhalion ni ddiwrnod agored er
budd y Sioe Frenhinol, ac yn arbennig ar gyfer Cronfa Sir
Aberteifi tuag at Apêl y Stablau Ceffylau. Yna gyda'r nos ar
gyfer y noson lawen roedd gennym ymron ddau ddwsin o
artistiaid yn cynnwys Hywel Gwynfryn, Timothy Evans, Dai
Jones, y Brodyr Gregory, Trebor Edwards, Delyth Hopkin
Evans, Ifan Gruffudd, Sulwyn Thomas, Angela Rogers Lewis,
Eirwen Hughes, Doreen Lewis, Dafydd Edwards, Eirian Owen
ac Ifan JCB – roedd y sêr allan yn noson honno! Ac yn goron
ar y cyfan, llywydd y noson oedd yr Arglwydd Geraint o
Bonterwyd. Roedd y rhaglen yn bedair rhan ac yn cynnwys
ymron i dri dwsin o eitemau, ac ymhlith y gwobrau raffl roedd
llun gan yr artist Aneurin Jones. Roedd cynulleidfa o dros 750
yn y sied ar gyfer y sioe ac fe godwyd dros wyth mil o bunnau y
tro hwnnw.

Yn anffodus, yn ystod y noson fe ddiffoddodd y golau yn sydyn, ac fe fethodd y trydanwr weld dim byd o'i le. Fel arfer fi yw'r dyn gwaethaf yng Nghymru am gyflawni gwaith llaw ymarferol o unrhyw fath, ond y noson honno fi ddaeth o hyd i wreiddyn y drwg: roedd gwifren yn rhydd yng nghanol y cwbl. Fe adferwyd y trydan ac fe aeth y noson yn ei blaen yn ei hwyliau.

Dydy delio â phroblemau trydan ddim yn gryfder gen i fel arfer. Un tro fe addewais i'r myfyrwyr oedd yn lletya gyda ni y byddwn yn prynu set teledu lliw iddyn nhw. A dyna wnes i, ond yn y dyddiau hynny doedd y plwg ddim wedi ei gysylltu â'r wifren rhag blaen, a'r cwsmer oedd yn gorfod weiro hwnnw, felly fe es ati i wneud y jobyn. Ond pan wnes i gynnau'r set doedd dim llun. 'Nôl â fi i'r siop yn y Stryd Fawr yn Aberystwyth i gwyno bod nam ar y set, ond o edrych yn fanylach, fi oedd wedi cysylltu'r weiers yn y terfynau anghywir yn y plwg. Ers tro bellach, os oes yna unrhyw beth trydanol i'w gyflawni yn y tŷ, Myfanwy fydd yn delio ag e: mae'n saffach.

Beth bynnag, fe ddilynwyd y noson lwyddiannus hon gan noson arall i godi arian tuag at y Sioe Fawr y flwyddyn wedyn gan godi dros ddwy fil o bunnau. Y noson honno roedd Hogia Llandygái ymhlith yr artistiaid, un o'r perffomiadau cyhoeddus olaf iddyn nhw eu cynnal erioed. Yn 2004 fe gynhalion noson er budd Elusen Arch Noa ac fe godwyd dros £1,700, a thros £1,200 at ganmlwyddiant y Sioe Fawr unwaith eto. Y flwyddyn honno hefyd fe wahoddwyd fi i feirniadu prif bencampwriaeth y ceffylau yn y Sioe Fawr, ac i fi, dyma'r anrhydedd uchaf posibl.

Yn 2005 fe gynhalion ni noson er budd Apêl y Swnami gan godi £3,500, a'r flwyddyn wedyn codwyd £1,200 gyda'r cobiau er budd Awtistiaeth Cymru. Rhwng popeth, felly, ry'n ni wedi codi ymron ugain mil o bunnau erbyn hyn.

Menter arall a drefnwyd gennym oedd 'O Amgylch Swclod', sef digwyddiad ar gyfer codi arian i'r Sioe Frenhinol yn 2010 gan mai Ceredigion oedd yn noddi. Llywydd y digwyddiad oedd Meirion, mab Aneurin Jones.

Ymhlith y ffyddlonaf o'r perfformwyr i fynychu'r digwyddiadau hyn roedd y Brodyr Gregory. Pan oedd Dyfed, y mab, yn ifanc roedd e wedi ffoli'n llwyr ar y Brodyr Gregory, ac ar deithiau hir yn y car roedden ni'n gorfod gwrando ar y ddeuawd fywiog yn canu dro ar ôl tro ... ar ôl tro. Rwy'n cofio'u ffonio nhw i'w gwahodd nhw i'r digwyddiad mawr cyntaf ac edliw iddyn nhw'n ysgafn fod arnyn nhw ddyled fawr i fi drwy'r mab a mod i wedi gorfod gwrando arnyn nhw'n canu yn amlach nag sy'n iach i unrhyw fod dynol. Fe ddaethon nhw i'r noson honno, chwarae teg iddyn nhw, ac i bob noson arall. Bu eraill yn barod iawn eu cymwynas hefyd, pobol fel Dilwyn Edwards, Gwawr Edwards a'i chwaer Menna a Tom Gwanas. Un broblem fawr i ni oedd cael digon o gadeiriau ar gyfer y gynulleidfa, a bu'n rhaid eu casglu o bob man, gan gynnwys rhai o bafiliwn mawr y Bont.

Yn 1981 a 1982 fe gynhalion ni arwerthiannau cobiau yn y fridfa a'r digwyddiadau hynny'n denu pobol o bob cwr. Pan fu arwerthiant tebyg yn 2008, yr un flwyddyn fe gyhoeddon ni lyfr yn olrhain hanes cobiau Derwen a'u llwyddiannau yn ennill Cwpan Her Tywysog Cymru sef *Cobiau Campus Cymru / Winning Welsh Cobs* gyda Gwasg Gomer. Y flwyddyn honno roedd hi'n dywydd glawog iawn, a mantais hynny, wrth gwrs, oedd fod sawl peth arall wedi'i ganslo. Yn ffodus roedd ganddon ni sied fawr a helaeth a godwyd ugain mlynedd yn gynharach gan Lyn Rees a'i fois o Dyn-rhos, Cwrtnewydd, waeth atyn nhw fydda i'n troi o hyd pan fydd unrhyw angen o ran adeiladwaith, a hefyd at yr adeiladwr Euros Lewis Felin-fach. Rwy'n gredwr cryf mewn cadw at arferion, ac os yw rhyw drefniant wedi bod yn llwyddiannus yna fydda i ddim am ei newid wedyn. Ac felly pan fo angen gosod tarmac ar y ddau glos neu'r lôn, fe fydda i'n rhoi galwad i Brian Jones, Llanllwni. Y jobyn cyntaf erioed gafodd Alun, tad Brian, pan aeth i'r busnes yn 1965 oedd tarmacio'r lôn i'm rhieni. A phan fydd angen saer coed arna i, dim ond codi'r ffôn a deialu rhif Dai Lewis, Cilcennin sydd angen i fi wneud. Mae pawb dwi'u hangen un alwad ffôn i ffwrdd yn unig.

Yn 2009 fe gawsom arwerthiant y fferm a gwerthu'r peiriannau a chyfarpar ac ati, oherwydd dim ond Myfanwy a fi oedd adre bellach ac amryw'n gofyn pam na fydden ni wedi cadw Dyfed yn y busnes. Ond y gwir amdani yw na fedren ni dalu unrhyw beth yn debyg mewn cyflog iddo i'r hyn mae e'n ei ennill drwy ei waith cyfrifiadurol. Mae'n fyd gwahanol i'r byd hwnnw y bûm i'n rhan ohono pan o'n i'n ddeg ar hugain oed. Ac efallai mai cystal sylweddoli nawr nad awn ni byth 'nôl i'r dyddiau hynny.

Bob tro y câi digwyddiad fel arwerthiant ei drefnu gennym, yr arwerthwyr fyddai cwmni Brightwells o Lanllieni, neu Leominster, sef Russell Baldwin and Bright gynt. A byddai digon o gymorth lleol wrth law i helpu ar achlysuron fel hyn hefyd, oherwydd mae cymdogaeth dda yn fyw o hyd yn y fro hon. Dyna i chi Handel a Doreen Thomas o Ben-parc, a'r cyn fanciwr Neville Jones wedyn, ef a Jean ei wraig fydd bob amser yn gofalu am y pres. Gyda Neville, sy'n byw yn Llanilar bellach, fe fedrwn fod yn hollol dawel fy meddwl y byddai pob ceiniog wedi ei chofnodi.

*

Mewn cyfrol fel hon, fe ddylwn i sôn am y cŵn a fu'n rhan
o'm bywyd i a bywyd y teulu dros y blynyddoedd. Soniais yn
gynharach am y cyntaf, sef yr ast Jac Rysel a enwyd gan Mam
yn Two Bob, am mai deuswllt gostiodd hi. Y ci cyntaf i ni ei
gael fel teulu, ymhell ar ôl dyddiau Two Bob, oedd sbaniel o'r
enw Lassie. Roedd Dyfed y mab wedi'i eni yn 1981 adeg yr eira
mawr a ninnau heb drydan am gyfnod hir a'r unig dân oedd
hwnnw yn y parlwr. Newydd ddod â Dyfed adre o'r ysbyty
oedden ni, a Myfanwy wedi ei roi i orwedd yn ei bram yng
nghynhesrwydd y parlwr. Dyma Lassie'n cyrraedd tua hanner
awr yn ddiweddarach ac yn gosod ei chlust wrth ddrws y parlwr.
Fe synhwyrodd fod rhywun dieithr yno, ac o'r eiliad y gwelodd
hi Dyfed fe fu'r ddau yn anwahanadwy. Yn anffodus, fe fyddai
Lassie, wrth chwarae, yn aml yn rhy fywiog ac yn dueddol o
neidio i fyny wrth chwarae â Dyfed gan ei wthio lawr y grisiau
wrth ddrws y tŷ. O ganlyniad fe fu'n rhaid i ni roi Lassie i ffrind,
oedd yn heliwr, ac fe gafodd gartref da,

Gast oedd y nesaf eto, sef Kitty, o frid y Doberman. Roedd
Dyfed tua'r pump oed erbyn hyn. Y rheswm i ni brynu
Doberman oedd y ffaith ein bod ni'n byw mewn man anghysbell,
ac y byddai ci fel hwn yn ddelfrydol fel ci gwarchod. Fel un oedd
â diddordeb yn llinach cobiau, fe wnes i astudio llinach cŵn
Doberman. Fe welais mai'r llinach gorau ar y pryd oedd llinach
Tavy ac roedd ein ffrindiau ni, Stephanie Edwards a Paul Taylor,
yn byw'n agos at rai oedd yn fridwyr, ac fe aethon nhw draw i
weld y cŵn ar ein rhan, gan edrych yn arbennig ar natur tymer
y ci. Fe agorodd y perchennog y drws a galw'r ci. O fewn eiliadau
dyma'r anifail anferth yma'n rhuthro i'r tŷ a neidio â'i bawennau
blaen ar ysgwyddau Steph. Roedd e mor dal, roedd e'n syllu'n
syth i fyw ei llygaid hi. A dyma fe'n dechrau llyfu ei hwyneb a
deallodd hithau ar unwaith fod gan y ci natur ffeind. Merch i'r ci

cyfeillgar hwn oedd Kitty. Weithiau fe fyddai Myfanwy, Dyfed neu finne yn galw, 'Hei, Kitty, Kitty, Kitty …' A byddai rhywun dieithr yn disgwyl gweld cath yn cyrraedd y clos yn hytrach na gast ddu anferth.

Y nesaf i gyrraedd ein tŷ ni oedd gast arall eto fyth, Rhodesian Ridgeback y tro hwn. Roedd llinell ddu yn rhedeg ar hyd cefn hon, Tess oedd ei henw, ac a bod yn onest, roedd hi braidd yn dwp. Yn fuan wedyn, dyma Rex y ci defaid yn cyrraedd. O Nantgaredig y daeth Rex. Mynd yno wnes i er mwyn prynu ceffyl ac ar lôn y fferm anghysbell gorfu i fi dynnu i'r ochr i wneud lle i dractor. Yn eistedd gyda'r gyrrwr yng nghaban y tractor roedd ci. Fe gychwynnais siarad â'r ffermwr gan ganmol golwg y ci, a'i ymateb oedd honni mai dyma oedd y ci mwyaf deallus yn y wlad. Ci defaid o'r enw Bob oedd y ci ac fe ddangosodd ei berchennog i mi mor glyfar oedd e. Gorchmynnodd y ci fynd i fyny'r ffordd ac eistedd ac fe wnaeth Bob hynny. Fe orchymynnodd iddo neidio i'r trêlyr wedyn, ac fe wnaeth y ci yn union fel yr oedd i fod i wneud. Yn wir, roedd y ci mor ddeallus nes i fi ddangos diddordeb mewn prynu un o'i linach ac fel y digwyddodd hi, waeth roedd gan y ffermwr, Peter Brown, dorraid o gŵn bach ar y pryd. Fe ddychwelais i Nantgaredig ychydig ddyddiau wedyn i brynu un o'r cŵn. Roedd y cŵn bach mewn trêlyr, a dyma un ohonyn nhw'n neidio allan, un du a brown oedd e, tebyg i'r cŵn defaid Cymreig traddodiadol ac roedd Mrs Brown eisoes wedi ei enwi yn Rex.

Cafodd Rex ei osod yn saff mewn bocs yng nghist fy nghar ac adre yr aethon ni. Yn Aberaeron fe arhoson ni ar gyfer gwneud tamaid o siopa, ond tra fuon ni wrth ein neges, roedd cyfarth Rex yn y gist i'w glywed dros y lle. Bu Rex gyda ni am bymtheg mlynedd. Doedd e ddim yn gi gwaith, ond roedd e'n amddiffynnol iawn o Myfanwy. Roedd e hefyd yn gi ufudd, byth yn rhuthro am ei fwyd ond yn hytrach yn aros nes i ni ddweud wrtho am fwyta ac roedd e'n gi bonheddig a ffyddlon, byth yn gadael y clos. Roedd Dyfed yn hynod ffond ohono a byddai'n dweud, 'Rex yw'r unig gi, a fi yw'r unig blentyn. A does neb yn ein deall ni!'

Nid cŵn fu'r unig anifeiliaid anwes fu gyda ni. Buon ni'n cadw cathod cwta, neu gathod Ynys Manaw sef cathod di-gynffon. Y gyntaf gawson ni oedd Soot, am ei bod hi'n ddu, wrth gwrs, ac yna fe ddaeth Soot II, yna daeth cath goch sef Ginge ac yna'r gorau o'r cyfan, Cwta. Yn wir, fe fu Cwta yn seren deledu oherwydd fe gafodd ei gweld ar raglen *Wedi 3* ar S4C. Fe ffoniais i gwmni teledu Tinopolis yn Llanelli a dweud fod yna stori ddifyr ar garreg eu drws nhw am Eirwyn a Laura Hughes o Langennech oedd yn bridio'r cathod cwta, ac oddi wrthyn nhw brynson ni ein cathod ni. Galwyd y ddau, ynghyd â rhai o'u cathod, a finne a Cwta yn eu plith, i'r stiwdio. Roedden ni'n becso y byddai Cwta'n dianc yng ngolau cynnes y stiwdio, ond wir, roedd y gath fel pe bai wedi'i geni i fod ar y sgrin fach.

A dyna ddwy 'C' yn ychwanegol at y tair arall, i wneud pump – Canu, Ceir, Cobiau ac yna'r Cŵn a'r Cathod.

*

Aeth ymron bump a deugain o flynyddoedd heibio bellach ers i fi daro fy margen gyntaf a phrynu cobyn, ac ym Mridfa Hwylog, y Gors neu New Cross ddigwyddodd hynny. Mis Tachwedd 1970 oedd hi a Mr Rowlands wrth y llyw cyn i Richard a Buddug gymryd yr awenau. Hwylog Sensation oedd enw'r ceffyl, yr ebol olaf oddi wrth Pentre Eiddwen Comet, y cob enwocaf oll yn ôl rhai.

Pan es i ag e adre roedd Nhad a Richard y gwas braidd yn ddirmygus. Tynnu coes oedden nhw, wrth gwrs, er na sylweddolwn i hynny ar y pryd ac fe werthais i Hwylog Sensation i Bunny Doyle o Fethania ac fe enillodd bencampwriaeth Sioe Tal-y-bont yn ddyflwydd oed cyn cael ei werthu a'i allforio i Ffrainc. Erbyn hyn mae Hwylog Sensation yn hen geffyl ac wedi bod yn llwyddiannus iawn.

Mae'r cobiau wedi bod yn rhan o mywyd i ar hyd yr amser, nid yn unig o ran busnes ond fel rhan o'r gymdeithas leol hefyd. Fe fu'n arferiad am flynyddoedd i fi fynd o gwmpas bob Calan gyda cheffyl a chart i ddymuno'n dda i gymdogion. Roedd ganddon ni un cobyn, Rhystyd Flyer, a oedd wedi ei eni ym Mridfa Rhystyd ac roedd hwn eto'n mynd 'nôl i'r gaseg ddu wreiddiol, Dewi Rosina. Roedd merch o swydd Dorset o'r enw Sheila yn gweithio gyda ni bryd hynny ac roedd hi'n ferch bropor iawn heb fawr ddim sbort yn perthyn iddi. Yn ddiweddarach fe aeth hi a'i gŵr ymlaen i fod yn rheolwyr fferm y Dywysoges Anne. Ond beth bynnag am hynny, un bore Calan fe gyrhaeddon ni ger Tŷ Coch ym Mhennant, cartre Isaac a Marged Ann ac fe gynigiodd Marged Ann ddiod i ni. Meddai Marged Ann wrth Sheila, 'Would you like a little bit of wine?' Fe dderbyniodd y ferch y cynnig a mas i'r bac â Marged Ann a dod 'nôl â photel fawr o wisgi a dau wydryn. Fe lenwodd Marged Ann nhw hyd at yr ymyl. Lawr â nhw a bant â ni. Erbyn cyrraedd hanner y ffordd am Cross Inn roedd tafod Sheila wedi'i ryddhau a'r storïau mwyaf carlamus yn dod mas. Do, fe gafon ni hwyl y tro hwnnw.

Fi oedd yn cludo Siôn Corn bob Nadolig ar ran yr ysgol feithrin wedyn. Reg Jones fyddai Siôn Corn, ac erbyn i fi godi Reg yn ei gartre byddai tipyn o ddathlu wedi bod eisoes yn nhafarn Rhos yr Hafod. Un tro, wedi i Reg ddringo i'r cart, dyma fi'n rhoi'r chwip i'r ceffyl. Doedd dim hawl carlamu yn y shafftie ond bant â ni ar garlam serch hynny. Ro'n ni'n hedfan. Fe ddisgynnodd Reg ger y sgoldy'n crynu fel deilen. A'i neges e odd, 'Byth eto! Dyna'r tro ola ddof i gyda ti mewn cart!'

Rwy'n hoffi meddwl ein bod ni'r rhan naturiol o'r gymdeithas wledig leol, ni a'r cobiau, ac erbyn heddiw mae'r gymdeithas honno'n rhan o'r byd mawr. Fe gafodd Myfanwy'r syniad o gynnal cyrsiau ar gyfer pobol sy'n newydd i fyd y cobiau, oherwydd mae yna lawer ohonyn nhw gyda'r awydd i fod yn rhan o'r byd hwnnw ond heb y cefndir na'r wybodaeth. Yn y mwyafrif mawr o'r bridfeydd brodorol mae olyniaeth yn holl bwysig, y plant yn dilyn ymlaen oddi wrth eu rhieni. Mae olyniaeth y bridwyr mor bwysig ag olyniaeth y cobiau mewn ffordd, ac felly mae'n anodd i bobol o'r tu allan gael eu trwynau i mewn wedyn.

Fe aethon ni ati felly tua deng mlynedd yn ôl i gynnal sesiynau penwythnos i bobol ddod yma er mwyn cael eu trwytho yn y grefft o ddofi ceffylau, eu llwytho nhw, eu dangos nhw, sut i'w dewis nhw, sut i'w paratoi nhw. Popeth yn ymwneud â chadw cobiau, mewn gwirionedd. Bu'r cyrsiau hyn yn llwyddiannus iawn, a hyd y gwyddon ni dyma'r unig gyrsiau o'r fath yn y byd, gydag ugain a mwy yn dod yma bob tua thri neu bedwar mis. Fe fydden ni'n eu hysbysebu yn yr *Horse and Hound* ac yn cael ymateb da.

*

O feddwl fod Tad-cu ar ochr Mam, Dan Jenkins Pentrefelin, yn un o sefydlwyr Cymdeithas y Merlod a'r Cobiau Cymreig yn 1901, roedd hi'n naturiol ddigon i finne ymaelodi hefyd. Fe gynhelid y cyfarfodydd bryd hynny yn Amwythig. Y rheswm am hynny oedd bod y Llywydd, yr Arglwydd Kenyon, yn byw yn yr ardal, yn yr Eglwys-wen. Roedd y pencadlys bryd hynny yn Aberystwyth gyda Tom Roberts wrth y llyw a Pam Hutchins (Evans wedyn) a Llinos Spencer yn cynorthwyo – dim ond nhw oedd wrthi gyda'r gwaith i'r gymdeithas. Erbyn hyn mae'r pencadlys yn Nyffryn Aeron ar safle lle bu ysgol i'r anabl gyferbyn â'r ffatri laeth.

Cynhelid cyfarfodydd y Gymdeithas bob deufis a fi fyddai'r sioffyr gan roi lifft i J. H. Davies, Bridfa Valiant, Pauline Taylor o Fridfa Llan-arth a Mrs Cuff o Fridfa Downland. Un tro, ar fy ffordd i un o'r cyfarfodydd, y tu allan i'r Drenewydd, fe ges i stop gan y Glas am yrru'n rhy gyflym. Ond roedd gen i ffrind mewn mannau uchel ar y pryd, a chlywais i ddim byd pellach am fy myrbwylltra.

Un penderfyniad pwysig ddigwyddodd o ran byd y ceffylau oedd ymestyn y Sioe Frenhinol i bedwar diwrnod. Fi, Tudor Davies ac Alan Turnbull fu'n flaengar yn mynd â'r maen hwn i'r wal, ac y mae David W. Howell yn cydnabod hynny yn ei gyfrol ar ganmlwyddiant y Sioe. Da gweld hefyd bod y syniad wedi bod yn llwyddiant ysgubol. Mae'r Sioe Frenhinol yn dal yn atyniad hollbwysig i Gymru. Fe gyrhaeddwyd carreg filltir nodedig yn ddiweddar pan ymddeolodd David Walters fel Prif Weithredwr yn 2013 wedi gwasanaeth clodwiw o wyth mlynedd ar hugain ac fe'i holynwyd gan Steve Hughson. Mae'n werth nodi fod ei ddirprwy, Aled R. Jones, neu Aled Tŷ Llwyd, yn hanu o ardal Ffarmers heb fod ymhell o'r hen gartref yng Nghrug-y-bar, ac mae teulu Aled a'n teulu ni wedi bod yn agos iawn dros y blynyddoedd.

Yn union fel mae eisteddfodau bach wedi bwydo'r Eisteddfod Genedlaethol erioed, bu'r sioeau lleol yn bwydo'r Sioe Frenhinol, a'r cyfan yn plethu i'w gilydd ac yn dibynnu ar y rhwydwaith. Un o binaclau'r sir hon yw Sioe Feirch Llanbed, sydd erbyn hyn yn

cael ei chynnal yn Nhal-sarn o dan y cadeirydd presennol, John
Green Blaen-plwyf, a phwyllgor arbennig. Mae'r sioe hon yn ffon
fesur ddibynadwy achos os medr dangoswr lwyddo fan yma yn
mis Ebrill, mae'r gobeithion yn uchel am weddill y tymor. Sioeau
eraill yr y'n ni'n hoff ohonynt yw sioeau Rhandir-mwyn a Chil-
y-cwm, ac hefyd sioe Llangeitho. Pobl fel Chris, Walter, Eric
a Meurig a llu o weithwyr eraill sy'n gweithio'n galed i gadw'r
sioeau bychain hyn i fynd. Hebddyn nhw ni fyddai'n bosib
parhau.

Oddi ar i mi ddechrau cerdded, byddai rhaid mynd gyda fy
rhieni i Sioe Pontarddulais. Yno ar hyd y blynyddoedd mi ddes
i adnabod criw o ffrindiau sydd wedi aros gyda fi drwy brawf
amser. Yn eu plith mae Rhys Thomas a oedd gyda fi yn Gelli
Aur, Roy Higgins o fridfa enwog Tireinon, a'i frawd Vernon,
Dewi Thomas, Llwynfodda, Glyn Jones neu Glyn Pontarddulais
a llawer mwy. Prif Weithredwr y sioe oedd Gareth Courtney, a
braf gwybod fod ei ferch Emma yn parhau gwaith ei thad. Mae
Geraint yr arwerthwr yn bwysig iawn yn y sioe hefyd, fe sy'n
gyfrifol am yr uchelseinydd ac ni fydd Gŵyl y Banc ym mis Awst
yn gyflawn i fi heb drip i'r sioe hon.

Datblygiad pwysig yn genedlaethol fu cychwyn y Ffair Aeaf.
Syniad Tom Evans, Troed-yr-aur oedd hwn ac ar y dechrau
doedd ceffylau ddim yn rhan o'r digwyddiad. Fe ymbiliais dros
gynnwys ceffylau a gorfodwyd y trefnwyr i gydsynio pan ddaeth
clwy'r traed a'r genau ac atal defaid a gwartheg rhag teithio. Mae
ceffylau wedi bod yn rhan o'r Ffair Aeaf byth wedi hynny.

Ar ddechrau'r saithdegau, ychydig wedi i fi ymaelodi â
Cymdeithas y Merlod a'r Cobiau Gymreig, fe aethpwyd ati i lunio
cyfansoddiad newydd. Un o'r cynigion mwyaf dadleuol oedd
cynnwys y cymal y byddai pencadlys y Gymdeithas yn Lloegr
neu yng Nghymru. Mam sylwodd ar y cymal, chwarae teg iddi,

a dyma hi'n fy annog i fynd i fyny i'r cyfarfod i sicrhau na châi'r cynnig ei dderbyn. Roedd Mam yn gadarn mai yng Nghymru, a dim ond yng Nghymru, ddylai pencadlys y Gymdeithas fod, ac yn naturiol ro'n i'n cytuno â hi gant y cant.

Fyny a fi, gyda Nhad, Mr Amos o Fridfa Redwood, neu Redwood, a'i ferch Linda. Yn y cyfarfod fe gynigiodd Arglwydd Kenyon, yn awdurdodol iawn y dylid derbyn y cyfansoddiad newydd hwn yn ei gyfanrwydd. Fe gynigiais welliant i'r cymal arbennig hwn, sef yr ail gymal ar y rhestr, gan ategu geiriau Mam mai yng Nghymru, a dim ond yng Nghymru, y dylid lleoli'r pencadlys. Fe aeth Arglwydd Kenyon yn wallgof: doedd e ddim yn gyfarwydd â gwrthwynebiad. Fe fyddai'r gwelliant hwn yn golygu oedi cyn medru derbyn y cyfansoddiad meddai e. Fe godais eto a chynnig y gwelliant yn ffurfiol, ac er nad own i wedi mynd â chefnogwyr gyda fi na chanfasio ymlaen llaw, fe enillodd y gwelliant.

Yn dilyn y llwyddiant hwn fe fynnodd rhai o'r aelodau, Don Edwards o Minsterley yn arbennig, fy mod i'n sefyll ar gyfer bod yn aelod o Gyngor y Gymdeithas, a dyna sut fuodd hi. Fe fues i ar y Cyngor o 1971 hyd 2005. Braint fawr fu cael fy anrhydeddu drwy fy ngwneud yn Gymrawd o'r Gymdeithas Amaethyddol Frenhinol am fy nghyfraniad i'r diwydiant amaethyddol. Derbyniais y fraint o ganlyniad i enwebiad, a lluniwyd gwaith ysgrifenedig yn olrhain hanes a llwyddiant Bridfa Derwen a'r anrhydedd gan Gymdeithasau Sioeau Cenedlaethol Brenhinol, sy'n cynrychioli pedair gwlad y Deyrnas Gyfunol. Ac ym mlwyddyn dathlu canmlwyddiant Cymdeithas y Merlos a'r Cobiau Cymreig yn 2001, fi oedd y Cadeirydd, y Cymro cyntaf erioed i'w ethol i'r barchus arswydus swydd. Fel rhan o'r dathliadau fe aeth Shân Legge-Bourke, o Ystad Glan-wysg, ati i drefnu arddangosfa o luniau ceffylau.

Cofiwch, aeth pethau ddim yn hollol ddidrafferth drwy'r amser. Yn wir, fe achoswyd cryn gynnwrf wedi i fi alw am archwiliad mewnol i lyfrau cownt Cymdeithas y Merlod a'r Cobiau Cymreig. Byddai archwiliad yn digwydd yn rheolaidd, ond nid mor fanwl ag yr hoffen i fod wedi ei weld. Byddai archwiliad manwl yn datgelu os oedd unrhyw amryfusedd yn y taliadau gan aelodau am bob ceffyl o'u heiddo. Dywedwch fod gen i gant o geffylau, golygai hynny bod gofyn i fi wneud cant o daliadau. Un gwrthwynebiad oedd y byddai'n amhosibl archwilio pac saith neu wyth mil o aelodau. Fe gytunais o fy anfodd, ond gan fynnu y dylid chwilio ein paciau ni, aelodau'r Cyngor, fel esiampl.

Roedd y cais yn ymddangos yn ddigon diniwed ar yr wyneb. Ond yn amlwg, fe godais nyth cacwn. Rhaid fy mod i wedi cyffwrdd â nerf yn rhywle achos fe geisiwyd pardduo fy enw da gan griw bach. Parhaodd yr anghydfod am hydoedd. Roedd rhai o'r ensyniadau'n enllib llwyr, yn enwedig pan ymddangosodd dau wrthwynebydd ar y teledu yn pregethu anwireddau yn fy erbyn i. Yr unig gam fedrwn i ei gymryd oedd cael barn gyfreithiol. Yn wir, barn bargyfreithiwr oedd y medrwn i, fel dyn cyhoeddus, hawlio iawndal anferth a fyddai wedi clirio cyfrif banc yr enllibwyr yn llwyr. Ond fe fodlonais ar ymddiheuriad cyhoeddus ac iawndal o bunt. Teimlai Myfanwy a finnau, petaem ni wedi hawlio iawndal cymwys, mai mynd ag arian yr aelodau fydden ni, a golygai hynny gosbi pobol ddiniwed yn ogystal â'r enllibwyr felly. Mae'r siec a gefais am y bunt honno gen i o hyd heb ei newid – yr egwyddor oedd wrth wraidd popeth.

Fe brofodd y chwerwedd a achoswyd gan griw bach fod yna gythraul ceffylau'n bodoli lawn mor gryf â'r cythraul canu. Profwyd hen wireb anghysurus arall, sef mai gelyn mwyaf unrhyw Gymro yw Cymro arall. Ac mae'n drist gorfod cyfaddef mai Cymry oedd y mwyaf gelyniaethus tuag ataf. Ond heb os, y teimlad chwerwaf o'r cyfan oedd i fi gael fy mhardduo ar gam – ces fy nghyhuddo o dwyll, a finne'n gwbl ddieuog. Aethpwyd mor bell â chwyno wrth y Comisiwn Elusennau a honno'n gŵyn gwbl ddi-sail. Fe fu cyfrifyddion y Comisiwn wrthi'n cribo'n fanwl drwy fy holl gyfrifon ariannol heb ddod o hyd i gymaint ag un gwall, bwriadol nac anfwriadol; yn wir, roeddwn i wedi cadw at bob rheol. Fe es i un cam yn bellach na hynny hyd yn oed, oherwydd gydol y cyfnod o bum mlynedd pan own i'n Gadeirydd, wnes i ddim dangos yr un ceffyl fel na fedrai neb fy nghyhuddo o dderbyn ffafriaeth gan unrhyw feirniad.

Na, doedd yna ddim sail i unrhyw gŵyn yn fy erbyn a derbyniais yr iawndal o bunt – taliad symbolaidd oedd hwnnw, wrth gwrs. Ond yn bwysicach o lawer nag unrhyw iawndal, hyd yn oed petai'n filiwn o bunnau, oedd yr ymddiheuriad cyhoeddus. Fe ymddangosodd hwnnw yn y *Cambrian News* ar 24 Mawrth 2005. Dyma fe yn ei grynswth ac yn y Saesneg gwreiddiol:

The Welsh Pony and Cob Society, (Cymdeithas y Merlod a'r Cobiau Cymreig), 6 Chalybeate Street, Aberystwyth, SY23 1HB statement: The Welsh Pony and Cob Society is pleased to announce that the long-running dispute with Council Member Mr I. J. R. Lloyd has been resolved. After a thorough investigation in which Mr I. J. R. Lloyd cooperated fully, it has been irrefutably established that there were no fraudulent claims against the Society's funds by him. The Council wish it to be known that the views expressed on television were personal views only. The matter is now closed and no further action will be taken by either side.

Do, fe'm cliriwyd yn llwyr, ond rwy'n dal i deimlo'n chwerw. Ydych chi'n fy meio i? Ychydig wedi'r ffrae hon fe gafwyd dau o'm prif gyhuddwyr yn euog o wahanol gamweddau. Ie, 'Rhagluniaeth fawr y Nef, mor rhyfedd yw.'

*

Yn 2001 cychwynnwyd ar fenter unigryw yn Aberaeron, sef Gŵyl y Cobiau. Syniad Clive Hoyles o Fridfa Llangybi oedd hyn wedi iddo ymweld â thref Golega ym Mhortiwgal a gweld gŵyl geffylau yno. Mae'r ŵyl yn Aberaeron, a gynhelir ar y Cae Sgwâr, yn denu dros dair mil o bobol a thua chant o geffylau. Yn 2005 dadorchuddiwyd delw llawn maint o gobyn Cymreig wedi ei lunio gan y cerflunydd David Mayer ar gornel Sgwâr Alban o flaen Gwesty'r Feathers i nodi canmlwyddiant Cymdeithas y Cobiau.

Ofnem y byddai comisiynu'r fath ddelw ymhell y tu hwnt i'n gallu ariannol ni. Ond ro'n i'n adnabod David Mayer wedi iddo lunio delw o Derwen Quartz ar gyfer y Sioe Frenhinol yn 2004. Fe gynigiodd lunio'r ddelw am ddim ar yr amod ein bod ni'n talu costau'r defnyddiau.

I nodi'r achlysur fe gyfansoddodd Dic Jones gywydd byr:

> I gae'r Sgwâr ar wresog hin
> Y tyrrodd plant y werin
> I ben-blwydd canmlwydd y cob,
> Seren holl bonis Ewrob.
>
> Cesig gosgeiddig eu gwedd
> A heini feirch sidanwedd
> Yn chware peder pedol
> Yn arian byw bron i'w bol

Yno, a'u prancio'n parhau
Rhamant gogoniant gynnau,
A hawlio 'mlith yr aliwn
'Y tair C piau'r tir hwn'.

*

Mae'n rhyfedd fel mae bywyd yn dueddol o ailadrodd ei hun.
Fe werthwyd Garth Villa, lle ces i fy ngeni, gan Nhad i deulu'r
Howells. Mae ŵyr y teulu hwnnw nawr, sef Gari, wedi dyweddïo â
Meinir Jones, un o gyflwynwyr y rhaglen *Ffermio*. Mae Meinir yn
ferch i Eifion o Fferm Maesteilo, Capel Isaac ger Llandeilo ac mae
yntau'n gefnder i Myfanwy. Mae cwlwm perthyn yn cydio'n dynn.

Ac mae bywyd yn dal i fynd yn ei flan a'r rhod yn dal i droi.
Ddiwedd mis Rhagfyr 2013 fe ddathlais ben-blwydd mawr yn
ddeg a thrigain oed. Ie, oed yr addewid. Fe gefais nifer fawr o
ddymuniadau da ac mae un yn arbennig yn werth ei gynnwys, sef
dau bennill anfonwyd gan hen ffrindiau, John Gwynn ac Olwen o
Gapel Seion, o waith Eleri Roberts.

Perchennog Bridfa Derwen, y cantor Ifor Lloyd
Sy'n cyrraedd carreg filltir – mae heddiw'n saithdeg oed,
Enillydd ar faes steddfod, enillydd ar faes sioe,
A heddiw haedda ddathlu 'da'i deulu a chael hoe.

Mae cariad at y cobyn yn fwrlwm yn ei fron,
A dygodd fri i'r brid Cymreig yma a thros y don,
Beirniadu ac arddangos a'i ceidw'n ysgafn droed,
A heddiw, codi het a wnawn i'r bridiwr Ifor Lloyd.

Dywed rhai bod y cobyn wedi dod i Gymru gyda'r Rhufeiniaid.
Cred eraill iddo ddatblygu o'r ferlen fynydd. Mae hi'n ddadl

dwym. Ond mae gen i deimlad – er nad oes gen i ddim ffeithiau hanesyddol i brofi hynny – fod y cobyn wedi bod yn crwydro bryniau a mynyddoedd Cymru am filoedd o flynyddoedd ac yma yn sir Aberteifi y daeth o hyd i'w gartre naturiol.

Gyda Mam yn ddisgynnydd i deulu Pentrefelin, teulu a fagodd feirdd, dim rhyfedd iddi hithau fod o'r un anian hefyd. Fe gyfansoddodd rigwm unwaith sy'n crynhoi'n berffaith natur ac anghenion y cobyn:

Ar y gwastad na arbeda
Ar y rhiw na orfoda
Ar y gwaered na farchoga
Yn y stabal na'm hanghofia.

Mae trin cobiau wedi bod yn ail natur i fi o'r cychwyn cyntaf. Do, fe ges i fy nhaflu bant droeon, ond ag ystyried y miloedd o geffylau wnes i eu trin dros y blynyddoedd, fe fues i'n lwcus. Un esboniad dros hyn yw i ni fagu'r llinach o un gaseg. Doedd hi ddim yn un oedd yn cicio ac fe etifeddodd ei disgynyddion yr un natur. Dyna pam mae gwaed mor bwysig.

Mae'r ddealltwriaeth rhwng dyn a'i geffyl yn un anesboniadwy. Mae'n dod yn rhywbeth greddfol. Mae yna stori am Nhad unwaith ym mart Llanybydder gyda Dilwyn Edwards, un o dri o frodyr o Bontrhydgroes oedd â busnes cludo anifeiliaid. Roedd Dilwyn yn dal pen ceffyl go fawr, ond dyma Nhad yn ei rybuddio i sefyll 'nôl, ac fe gamodd Dilwyn oddi wrth y creadur a chadw'i bellter. O fewn ychydig funudau fe ddisgynnodd y ceffyl fel cwympo coeden. Roedd e'n farw cyn iddo hitio'r llawr. Oni bai am rybudd Nhad fe fyddai'r creadur wedi disgyn ar ben Dilwyn. Sut gwyddai Nhad fod rhywbeth o'i le? Ei esboniad e oedd, 'Own i ddim yn licio'i lygad e.' Mae

Dilwyn yn dal i sôn am y digwyddiad gan fynnu fod arno fe ddyled fawr i Nhad.

Mae 'na ffordd arbennig o drin ceffyl, ac un peth pwysig yw peidio â chodi llais, a phan fydd rhywun yn llwytho ceffyl i lori neu drelyr ddylech chi byth gwmpo mas ag e. Rhaid gwneud popeth drwy deg. O gwmpo mas â cheffyl wrth ei lwytho a chynhyrfu'ch hunan yn y broses, mae hynny'n mynd i gynhyrfu'r ceffyl hefyd a wnaiff hynny mo'r tro.

Pan fyddai Nhad yn galw ym Mhentrefelin i weld Mam fe fyddai arno ofn y gwenyn a gadwai Daniel Jenkins, ei ddarpar dad-yng-nghyfraith, oherwydd fe fyddai e bob amser yn cael ei bigo, lle byddai Tad-cu'n eu trin a'u trafod nhw heb ddim trafferth. Peidio â gwylltio, meddai, dyna oedd yr allwedd. Mae'r un peth yn wir lle mae ceffyl yn y cwestiwn. Gyda cheffyl mae llais, arogl a theimlad rhywun yn bwysig, ac wrth ddangos ceffyl yn y cylch mae'n rhaid cofio mai'r un sy'n ei ddangos yw ei ffrind gorau. Amynedd yw'r gair mawr gyda cheffyl. Heb amynedd does dim gobaith.

A chofiwch hyn – wnewch chi ddim ffortiwn allan o geffylau. Llafur cariad yw cadw cobie a mwynhad pur hefyd. Medrwn ddweud yr un peth am y canu a'r ceir: pleser a mwyniant fu ymwneud â nhw hefyd. Bu hi'n fraint cael siario'r mwynhad hwnnw â theulu cynnes, cymdogion cymwynasgar a ffrindiau da ledled y byd.

Ie, heb os, 'Y tair C piau'r tir hwn'.